MW01285008

GUÍA PARA LIDIAR CON LA ANSIEDAD Y ATAQUES DE PÁNICO

CÓMO UTILIZAR LA NEUROCIENCIA PARA SUPERAR LA ANSIEDAD, LA PREOCUPACIÓN, LOS ATAQUES DE PÁNICO, EL MIEDO, LOS TRASTORNOS OBSESIVO COMPULSIVOS, EL TRASTORNO BIPOLAR Y DE LA PERSONALIDAD.

CELIO SALOME

PUBLICACIÓN

circular

Copyright ©2020 por Celio Salome - Todos Los Derechos Reservados.

Aviso legal:

Este libro está protegido por derechos de autor. Es sólo para uso personal. No puede enmendar, distribuir, vender, usar, citar o parafrasear ninguna parte, o el contenido de este libro, sin el consentimiento del autor o editor.

Bajo ninguna circunstancia se podrá culpar o responsabilizar legalmente al editor, o al autor, por cualquier daño, reparación o pérdida monetaria debido a la información contenida en este libro, ya sea directa o indirectamente.

Aviso de exención de responsabilidad:

Por favor, tenga en cuenta que la información contenida en este documento es sólo para fines educativos y de entretenimiento. Se ha hecho todo lo posible por presentar una información precisa, actualizada, fiable y completa. No se declaran ni se implican garantías de ningún tipo. Los lectores reconocen que el autor no está involucrado en la prestación de asesoramiento legal, financiero, médico o profesional. El contenido de este libro se ha obtenido de varias fuentes. Por favor, consulte a un profesional autorizado antes de intentar cualquier técnica descrita en este libro.

Al leer este documento, el lector está de acuerdo en que bajo ninguna circunstancia el autor o el editor es responsable de ninguna pérdida, directa o indirecta, en la que se incurra como resultado del uso de la información contenida en este documento, incluyendo, pero sin limitarse a, errores, omisiones o inexactitudes.

ÍNDICE

INTRODUCCIÓN

Las palabras ansiedad y ataques de pánico nunca habían estado tan de moda como hoy. Vivimos en un mundo lleno de caos, incertidumbres y retos, donde tienes que aprender a moverte a la misma velocidad o te quedas atrás. Esto ha logrado que se consiga mucho éxito en la vida, que haya más emprendedores que en cualquier otra época de nuestra historia, que salgan ideas novedosas, increíbles. Ha permitido que evolucionemos como en los miles de años no lo habíamos logrado, pero también ha dejado consecuencias: nos hemos hecho inestables emocionalmente.

Hasta hace unas décadas atrás, las personas disfrutaban más de la vida, se iba un día a la vez. Ahora, no, todo es frugal y efímero, por eso todo se marchita como las flores y aparece con fecha de caducidad. Incluso nosotros.

Por eso es que la ansiedad hace parte de nuestras vidas, estamos inmersos en buscar hacernos con el éxito, que el emprendimientos crezca, engorde y tenga mucho dinero, que el alma, las emociones, lo que sentimos, lo dejamos de lado.

El estrés era la palabra de moda hasta hace un tiempo, las personas vivían estresadas todo el día, correr de un lado al otro. Ya dejaron de nombrarla tanto porque se hizo tan normal que todos la tienen, la viven y es un requisito necesario para lograr cualquier meta.

Luego comenzó a aparecer la ansiedad, palabra que estaba enmarcada solo en las paredes de consultorios psicológicos. Las personas comienzan a padecer ansiedad, que es el siguiente nivel del estrés, cuando se ha padecido tanto esto, que termina haciendo que las personas tengan un cuadro ansioso todos los días.

La ansiedad, que es peor que el estrés, va llevando a la persona a ataques de pánico, que van in crescendo hasta hacerse insoportables.

Está bien buscar el éxito, pero a costa de qué, de perder la vida, de perder la salud, la felicidad, la paz.

No vale la pena semejante esfuerzo. Tenemos la posibilidad de escalar en el camino al éxito, de ser personas que podamos crecer un poco cada día, pero sin que tengamos que dejar la salud mental en el basurero.

A continuación, vas a conocer en este contenido todo sobre la ansiedad y los ataques de pánico. Comprender esta pandemia del siglo XXI, los síntomas que se manifiestan, a ver si tú eres ansioso y no lo sabías. Muchas personas dicen estar estresadas y creen que se sienten así, pero en realidad ya escalaron a la ansiedad, pero es tan normal su estado que se les hace normal sentirse así.

No permitas llegar a ese escalón para buscar ayuda, corta ahora ese flujo negativo y retorna.

No es fácil, requiere trabajo, pero con tesón y perseverancia lo logras.

Conoce por qué aparece la ansiedad, ya que una cosa es trabajar duro y enfocarse en conseguir los objetivos y otra muy distinta es perder el norte por culpa de las emociones del día a día.

Tú puedes encontrar el éxito sin necesidad de sacrificar tu paz mental.

También conocerás lo que son los ataques de pánico, cómo influyen en tu vida y qué hacer cuando te dé uno, incluso cómo diferenciarlos de un ataque al corazón. Los ataques de pánico son el nivel más alto de la ansiedad, cuando te desbordas y te derramas, que no puedes más. Es en esos momentos cuando el cuerpo te está pidiendo auxilio, que le ayudes a salir adelante, que no lo dejes sucumbir al infierno donde está, guindando, próximo a caer a la lava ardiente.

Conoce cómo enfrentar los ataques de pánico. También comprende la importancia de aceptar que tienes ansiedad, el saber la importancia de conversar con ella. hablar de los síntomas, descubrir lo que el cuerpo te dice, porque no hay nada más sabio que nuestro organismo, cuando explotamos, es porque nos está diciendo algo y no queremos escucharlo.

Aprende aquí como escuchar a tu cuerpo, atender ese diálogo interno que se da cuando estás en momentos difíciles. Luego de todo esto, aprende a disfrutar de nuevo.

Hay muchos ejercicios y técnicas disponibles para tratar la ansiedad, por ejemplo, el deporte, el yoga, la meditación, las fragancias, la relajación muscular, cada uno de estos puntos se trata dentro del libro, donde se habla de ellos junto con ejercicios para que los pongas en práctica.

Este no es el típico contenido donde te vas a aburrir escuchando relleno que narre lo que es la ansiedad y cómo curarla. Es un trabajo teórico practico que permite que pongas en marcha las muchas herramientas disponibles para sanar la ansiedad y los ataques de pánico.

Conocerás los distintos tipos de medicina disponibles para enfrentar la ansiedad, desde la tradicional, hasta la homeopatía, pasando por mantras, fragancias, gemoterapia y varias poco conocidas que podrás emplear desde casa.

Aprende también a superar esos miedos, que son ramificaciones de la misma ansiedad, como el miedo a usar el coche, a subir a aviones, a hablar en público, a ir al médico, al dentista, y hasta la peor fobia de todas: el miedo a morir.

Descubre cómo manejar las emociones y las preocupaciones que suceden en el día a día, ve por qué es tan difícil dejar atrás los pensamientos y cómo canalizarlos para que no sean negativos.

Luego de recorrer todo el trecho que nos lleva a través de la cura para la ansiedad y los ataques de pánico, conoce cómo no recaer.

Este es un trabajo completo donde saldrás sabiendo cómo controlar la ansiedad y los ataques de pánico.

¿QUÉ ES LA ANSIEDAD Y CUÁLES SON SUS SÍNTOMAS?

Comencemos conociendo qué es la ansiedad y los síntomas, así como que tienes que aprender a lidiar con ella, la importancia de aceptarla y las razones por la que aparece la ansiedad.

Conozcamos más sobre esta enfermedad del siglo XXI.

La ansiedad como pandemia de este siglo

La ansiedad es una enfermedad que cada día es más citada por las personas. Por delante de la depresión se ha convertido en el mal de nuestros tiempos. Algo que preocupa, porque cada día compran pastillas para lidiar con esto, ansiolíticos que se consumen como caramelos.

Se dice que la enfermedad silenciosa del siglo XXI es la ansiedad. También hablan de ella como epidemia social, la persona que no conoce a una persona con episodios de ansiedad o cuadros de depresión. La ansiedad es una enfermedad que se cita todos los días, varias veces en los consultorios, está delante de la depresión y es un mal de nuestros tiempos. Un dato revelador y preocupante es que los sedantes aumentan las ventas cada día en las farmacias del mundo. países como España son líderes de consumo de ansiolíticos. Por lo menos una de cada diez personas sufre los síntomas, según la OMS.

Un día llegas y te rompes, el mundo sigue a tu alrededor y la cabeza no funciona, como debería. Intentas repararla como quien se cura de un golpe en el pie o una gastroenteritis, pero esto es más complejo y no comprendido socialmente. Entre otras cosas, se cree por el estigma de siglos atrás, que hacen que no avancemos en este sentido. La gente esconde este tipo de situaciones y problemas. Mejor no se hable de eso, pero la verdad, esto es un error. La sociedad nos lleva a esconder en el armario enfermedades o afecciones que tampoco hemos elegido.

Te miran como a una cosa rara. Tienes que aprender a ser feliz, centrarte en lo positivo. Sí se puede. Lo hacen por ti, por ayudarte, pero no te ayudan nada, con perdón. La depresión es un enfermedad seria. Nadie quiere estar deprimida y sufriendo. Nadie lo quiere pasar así, aunque tengamos un concepto de la felicidad. Es errado y muy de Occidente y mercantilizado.

Estamos programados para consumir y producir y dejar que la vida pase. No nos enseñaron a vivir. Ahora la persona consume drogas, legales e ilegales para poder lidiar con estas emociones. Las personas independientes que no tienen baja laboral, apenas se pueden permitir enfermar. Echan en falta sistemas de la salud pública que prime la salud mental y lo haga desde una perspectiva que transforme.

Los libros de autoayuda están llenando las repisas de librerías en papel y los muros de Amazon, libros que prometen la felicidad en diez pasos, que él ahora es el que vale, que la ansiedad se supera así o asa. Todo esto escrito por gente que no sabe de esto. Muchas personas compran libros de ese tipo, buscan una explicación a la vida que tenemos y a una solución más oriental.

Intentas el poder del ahora, como meditar, pero te interrumpe el sonido del móvil, claro, creo que ayuda y está probado científicamente que la meditación reduce la depresión y la ansiedad. El plan es que nos fijemos en la respiración, pero además también el ser altruista y estar en este momento presente, teniendo desapegos. Esto es complicado cuando nos han programado en la cultura cristiana y capitalista, con el esfuerzo, el sacrificio, la culpa por arriba de todo.

Por eso las personas padecen muchas crisis episódicas, como las que pueden estar teniendo la persona que vive este tema. Hay que sacarlo, hacerlo visible, compartirlo, aunque sea difícil es el primer paso para avanzar. Hay muchas asociaciones y grupos de apoyo para invitarte a avanzar.

La ansiedad, básicamente es un mecanismo de defensa. Un sistema de alerta que nos avisa sobre las posibles amenazas. Es un mecanismo que tenemos todos. Se da en todas las personas, es común, mejora el rendimiento y la capacidad de anticipación y respuesta. La función de la ansiedad es que se mueva el organismo, mantenerlo alerta y en camino para intervenir ante los riesgos y las amenazas. De la manera que no se produzcan o se minimicen las consecuencias. La ansiedad, pues nos lleva a tomar medidas convenientes, atacar, escapar, afrontar, neutralizar, adaptarse. Según el caso y la naturaleza del peligro o riesgo. El peligro viene dado por la obstaculización de cualquier proyecto o lo que se quiere hacer, por la degradación del mundo o los logro que hemos conseguido.

El ser humano desea lo que no tiene, y quiere mantenerse lo que tiene. La ansiedad pues, como mecanismo adaptativo, es funcional, normal y no representa problema de salud.

Pero, en algunos casos, este mecanismo funciona alterado, es decir que causa problemas y en lugar de ayudarnos, nos incapacita. Los factores pueden influir en que un mecanismo normal, saludable, y que se adapte y deje de serlo.

La ansiedad tiene factores pre-disposicionales:

- Factores biológicos, algunos de ellos son genéticos.
- Factores de personalidad, patrones de afrontamiento del estrés, estilo de vida.
- Los factores ambientales, con contextos y apoyos sociales.

Factores activadores o que desencadenan:

- Situaciones que son vividos como desbordantes de los recursos.
- Acontecimientos con consecuencias graves o que tienen muchos esfuerzos para adaptarse.
- Obstáculos para que encuentres logros o que limiten la capacidad para alcanzarlos o mantenerlos.
- Consumo de estimulantes y otro tipo de drogas legales e ilegales.

Factores de mantenimiento que tiene que ver con la ansiedad:

- Tener miedo al miedo.
- La pérdida de condiciones o facultades, por la ansiedad que hacen necesario afrontar los problemas.
- Soluciones intentadas que son contraproducentes.
- Los problemas en las áreas inicialmente no conflictivas como consecuencia de la ansiedad
- Afrontamiento insuficiente o errado de los problemas de origen de la ansiedad.
- El establecimiento de mecanismo fóbicos.

Los problemas de ansiedad se dan por lo normal por una combinación de alguno de estos factores por un tiempo.

Síntomas de la ansiedad

Son muchos los síntomas que se vuelven más significativos que los evento que los desencadenaron y comienzan a interferir con la vida, pueden ser señales de un trastorno de ansiedad.

Estos trastornos pueden llegar a ser debilitantes, es posible que se controlen con la ayuda adecuada de un profesional médico. Aquí hay unos síntoma que puedes tener y no sabes, así como saber cuándo es necesario buscar ayuda profesional.

Preocupación excesiva

Uno de los síntomas más comunes de la ansiedad es la preocupación excesiva. La preocupación que se relaciona con problemas y lleva a que se tenga ansiedad desproporcionada a propósito de los eventos que la llevan y sucede como respuesta a situaciones normales y cotidianas.

Para que puedas ser considerada una señal de trastorno de ansiedad, la preocupación se tiene que manifestar muchos días por la menos seis meses y que sea difícil de controlar. La preocupación también debe ser grave e intrusiva, afectando la habilidad para concentrarse y hacer las tareas diarias.

Las personas que tienen menos de 65 años tienen menos riesgo de desarrollar el trastorno de ansiedad generalizada, especialmente los solteros, con un nivel socioeconómico más bajo y con muchos elementos estresantes en la vida.

La gran preocupación excesiva por las cosas del día a día es una características distintiva del trastorno de ansiedad, cuando es grave como para que interfiera con la vida del día a día y se presenta a diario por al menos seis meses.

Sentimientos de agitación

Cuando una persona se siente ansiosa, parte del sistema nervioso simpático se potencia. Esto lleva una serie de efectos en todo el cuerpo, como un pulso que se acelera, palmas sudorosas, manos que tiemblan y boca seca. Los síntomas suceden porque el cerebro cree que ha percibido un peligro y comienza a hacerse el cuerpo para reaccionar ante la amenaza.

El cuerpo desvía la sangre del sistema digestivo para los músculos en caso de que se necesite correr o pelear aumenta el ritmo del corazón y agudiza los sentidos. Estos efectos serían útiles en el caso de una amenazar de verdad, que pueden debilitar si el miedo está en tu cabeza.

Hay investigaciones que sugieren que las personas con ansiedad no son capaces de reducir la agitación tan rápido como el resto de la gente, lo que significa que pueden percibir los efectos de ansiedad.

En los síntomas está el ritmo cardiaco acelerado, sudor, temblores y boca seca, si sufres de ansiedad puedes experimentar síntomas de agitación por largos periodos de tiempo.

Intranquilidad

La falta de tranquilidad es otros de los síntomas comunes de la ansiedad. Cuando una personas se sienten intranquila, describe la sensación como nervioso o con una necesidad de moverse.

Un estudio hecho con 128 niños que fueron diagnosticados con ansiedad, encontró que el 74% reportó intranquilidad entre los síntomas que padecían.

No todas las personas ansiosas sufren intranquilidad, pero es una de las señales de alerta que miran los médicos con frecuencia cuando hacen el diagnostico. Si tienes intranquilidad por más se seis meses entonces es una señal peligrosa.

La intranquilidad sola no es suficiente para diagnosticar un trastorno de ansiedad, pero puede un síntoma especialmente si sucede con frecuencia.

Fatiga

Fatigarse de nada es otro de los síntomas que se manifiestan cuando se padece ansiedad. Este es un síntoma sorprendente para algunos, porque la ansiedad se relaciona con hiperactividad o agitación. Hay situaciones donde la fatiga se da luego de un ataque de ansiedad y en otros puede ser crónica. No está claro si la fatiga es por otros síntomas comunes de ansiedad como insomnio o tensión muscular o si se relaciona con efectos hormonales.

Hay que tener presente que la fatiga también es señal de depresión y otros problemas médicos, por eso la fatiga no es suficiente para tratar el trastorno de ansiedad.

La fatiga acompañada de mucha preocupación es sin duda un síntoma. Sin embargo, también puede ser motivo de otras etiologías.

Problemas para concentrarse

Muchas personas ansiosas informan que les cuesta concentrarse. En un estudio hecho a 157 niños y adolescentes con ansiedad, se encontró que más de dos tercios tenían dificultares para poderse concentrar.

También se hizo un estudio, pero con adultos con el mismo trastorno. 175 personas, de las cuales el 90% informó tener problemas para poderse centrar. Entre más ansiedad se tenga, más dificultades hay.

Hay estudios que demuestran que la ansiedad interrumpe la memoria funcional. Es la memoria responsable de retener información a corto plazo. Esto ayuda a que se explique la reducción dramática en el desempeño que las personas tienen en los periodos de ansiedad.

La dificultad para poderse concentrar también tiene relación con otras afecciones médicas, como trastornos por déficit de atención o por tener depresión. No es evidencia suficiente esto para poder diagnosticar la ansiedad, pero igual se tiene que mirar esto para confirmar el origen.

Los problemas para concentrarse son señal de trastorno de ansiedad y es un síntoma que tiene casi todos los que la padecen.

Irritabilidad

Casi todas las personas ansiosas también se muestran muy irritadas. Según un estudio reciente donde se trabajó con más de seis mil adultos, más del 90% de ellos reportó irritación en los peores momentos de la ansiedad. Esto comparado con las personas que afirman preocuparse mucho, los jóvenes y adultos de mediana edad ansiosos afirman tener más del doble de irritabilidad en el día a día.

Como la ansiedad se relaciona con mucha agitación y preocupación, no es algo que sorprenda que se sienta irritabilidad.

Músculos tensos

Tener los músculos tensos casi todos los días de la semana es otro de los síntomas que muestran una posible ansiedad. Esto puede ser por tener los músculos tensos, no se entienden por qué se relaciona con la ansiedad. A lo mejor es que la tensión muscular aumenta la sensación de ansiedad, pero también puede ser que esta lleve a tensión muscular. También que la causa de ambas sea otro elemento.

Algo que es interesante aquí es que la tensión muscular con terapia de relajación ha demostrado que reduce la preocupación en personas ansiosas. Hay estudios que muestran que es eficaz como la terapia cognitiva conductual.

Problemas para poder dormir o despertarse constantemente

Los problemas de sueños tienen fuerte relación con los trastornos de ansiedad. El despertar a medianoche y tener problemas para conciliar el sueño es de los problemas más frecuentes.

Hay investigaciones que dicen que tener insomnio en la infancia tiene relación con que se pueda padecer ansiedad de adulto. En un estudio donde se hace seguimiento a casi mil niños por más de veinte años, se encuentra que tener insomnio en la infancia se relaciona con un trastorno de ansiedad cuando se tienen 26 años.

Aunque el insomnio y la ansiedad tienen vínculo cercano, no se tiene claro si la falta de sueño contribuye a tener ansiedad o al revés.

Lo que sí se sabe es que, al tratarse de un trastorno de ansiedad subyacente, el insomnio normalmente mejora con el tiempo.

Ataques de pánico

Un tipo de trastorno de ansiedad son los ataques de pánico, estos se relacionan con esos episodios horribles de los que se hablará más adelante. Los ataques se dan por una gran sensación de miedo que puede incluso hacer que la persona se sienta débil.

Es un miedo extremo que se acompaña de un ritmo cardiaco rápido, sudoración, temblores, falta de aliento, náuseas, miedo a morir o perder el control. Los ataques de pánico suceden de forma aislada, pero se dan con frecuencia, pueden ser señal de trastorno de pánico.

Por lo menos 22% de los adultos de Estados Unidos tienen ataques de pánico en algún momento de su vida. Pero solo cerca del 3% los experimenta con la frecuencia como para que se diagnostique como trastorno de pánico.

Los ataques de pánico se dan por un miedo intenso, que viene de la mano de síntomas físicos desagradables, los ataques de pánico recurrentes son señal de trastorno de pánico.

Evitar las situaciones sociales

A lo mejor puedes mostrar señales de trastornos de ansiedad si encuentras que:

- Tienes ansiedad o temor en situaciones sociales que se acercan.
- Te da miedo que te juzguen o examine.
- Te da temor ser avergonzado o humillado.
- Evitar eventos sociales por estos temores.

El trastorno de ansiedad es común y afecta a muchísimas personas hoy en día, más a aquellos que comienzan a emprender y andan buscando el éxito, paso que no es tan fácil cuando arrancan y lleva a muchos a caer en ansiedad y depresión.

Si quieres lograr el éxito tienes que afilar la mejor herramienta que tienes: tu cuerpo y mente.

Las personas que tienen ansiedad social pueden parecer muy tímidas cuando andan en grupo o cuando conocen personas nuevas. Si bien podrían no parecer angustiados, por dentro andan miedosos y con mucha ansiedad.

Esta es una actitud de distanciamiento que a veces puede hacer que las personas ansiosas parezcan presumidas o poco amigables, pero el trastorno se relaciona con la baja autoestima, la gran crítica y la depresión.

El evitar y tener miedo en situaciones de este tipo puede ser señal de trastorno de ansiedad social, uno de los trastornos más diagnosticados hoy en día.

Miedos irracionales

Los miedos exagerados sobre cosas específicas como arañas, espacios cerrados o alturas, pueden ser señal de fobia. La fobia se define como ansiedad extrema a un objeto o situación. La sensación es lo suficientemente intensa como para interferir en la capacidad para funcionar correctamente.

Las fobias incluyen:

- A animales: el miedo a insectos o animales en específico.
- Al entorno natural: miedo a eventos naturales como inundaciones o huracanes.
- Fobia a sangre, lesiones o inyecciones: este miedo es el que se tiene a la sangre, a las heridas, agujas o inyecciones.
- Fobias a situaciones: estas son por ejemplo conducir, ir en ascensor o subir a un avión.

También está la agorafobia, otra fobia que implica temor al menos a estos factores:

- Usar transporte público.
- Estar en sitios abiertos.
- Estar en sitios cerrados
- Hacer una cola o estar en sitios llenos.
- Salir solo de casa.

Son muchas las fobias y afectan a millones de personas en algún momento de su vida. Tienden a darse en la infancia o adolescencia y son más comunes en mujeres que hombres.

Entonces para cerrar, los síntomas se manifiestan así:

A nivel físico:

- Taquicardia, opresión de pecho, palpitaciones.
- Falta de aire.
- Sudoración.
- Molestias digestivas, náuseas y vómitos.
- Problemas en la alimentación.
- Inestabilidad.

A nivel psicológico:

- Agobio.
- Inquietud.
- Sensación de peligro o amenaza.
- Inseguridad.
- Temor a perder el control.
- Recelos.
- Temores excesivos, incluso a la muerte.
- Torpeza en los movimientos.

Cognitivos:

- Problemas de atención.
- Dificultad para concentrarse.
- Rumiación.
- Tendencia a recordar solo lo malo.

Y sociales:

- Irritabilidad.
- Problemas para comenzar o seguir una conversación.
- Temores excesivos.

Cada persona según la predisposición padece en mayor o menor grado la ansiedad, todo depende de las susceptibilidades de cada uno.

No luches contra ella

La ansiedad es un estado emocional desagradable, activa nuestro sistema de alerta como un mecanismo de defensa, cuando percibe una amenaza alrededor, se pone en marcha. Tener ansiedad es adaptarse, el problema es cuando aparece sin que sea necesaria y cuando aparece en un grado alto. Cómo controlar la ansiedad, es importante aprender a detectarla, es clave para poderla tratar. También es importante que se sepa la tipología de ansiedad que se tiene.

Lo normal que hacen las personas cuando tienen episodios de ansiedad es que luchan contra ella. Arman una guerra troyana todos los días. Quieren controlar cada uno de los pensamientos ansiosos y eso termina agotando. Ahí es cuando entra el consejo de oro: no luches contra ella.

Esto es difícil de comprender al inicio porque las personas se preguntan ¿Cómo dejo de luchar si lo que quiero es sacar de mi vida esa sensación tan mala?

Cansada de tanta lucha y de tanto control, viene la rendición, que es donde se deja la lucha y llega la resignación. Rendirse es no lucha, es solo verla, dejarla estar y observarla. Nada más.

¿Cómo se logra esto?

Imagina que deseas hoy que salga un sol radiante, porque tienes el plan de irte al club con piscina. Te levantas y para mala pata lo que te encuentras es unas nubes grises y odiosas con un día frío que te esconde hasta las montañas.

¿Qué te queda por hacer?

- Enojarte mucho porque el día amaneció así, decir que es un día feo, odiar vivir en un lugar donde llueve tanto, maldices la lluvia y dices que con ella no se puede hacer nada.
- Victimizarte y entrar en ese discurso que dice que siempre que planeas algo con ilusión viene el universo y te lo fastidia. Que eres un pobre desgraciado que no le sale bien nada.
- Aceptar que llueve y adaptarte al día, irte a ver unas películas enrollado con la persona que amas y dejar la salida para otro día.

Algo similar sucede con los pensamientos, cuando se siente ansiedad se sienten emociones y sensaciones desagradables, lo que se quiere es que se vayan ya mismo, que cambie y que nos sintamos mejor. Si en vez de enfadarnos nos victimizamos, nos hacemos responsables y nos rendimos a ellas, dejando que pasen como s fuera una tormenta, pues pasarán. No sentiremos frustración por haber luchado sin vencer sin la batalla.

Cuando sientas emociones que no agradan y pensamientos negativos, deja la lucha:

- Respira profundo, siente la respiración de manera consciente.
- Trata de ver la situación, las emociones y los pensamientos desde fuera, como si fueras un espectados, mira sin juzgar.
- Deja que pasen las sensaciones desagradables, siéntelas, vívelas, respíralas, que sean desagradables no quiere decir que vaya a pasar algo malo.
- Deja que sucedan los malos pensamientos, los ves, los dejar ir, los pensamientos pasan con el viento, no se quedan, a menos que les des posada.
- Deja que los pensamientos y las emociones se den, si te rinde a ellas no son tan molestas, no se pueden convertir en algo grave.

La aceptación es esencial

Cuando tenemos ansiedad, creemos que la padeceremos siempre, que se instalará permanentemente y eso no es así. La ansiedad es como un aguacero, necesaria para que todo funcione, para que la tierra florezca, el sol es bello, amamos el día soleado, pero sin las tormentas no podrías saborear la calma con aire fresco y renovado como el que nos deja un aguacero. Tampoco podremos ver las plantas y árboles crecer.

Las tormentas interiores son necesarias, para poder fortalecer y descubrir. Tienes que rendirte a la lluvia, llora porque luego ya vendrá la calma y saldrá el sol entre las nubes.

Debes aceptar que has estado pensando o haciendo algo que despierta esa ansiedad. El proceso para comenzar a aceptarla viene desde dentro. No olvides que la ansiedad vive en ti. No temas, el monstruo de la ansiedad se alimenta de la adrenalina que sucede con el miedo.

Tú conoces lo que sientes, por eso tienes dentro las herramientas para sacar ese monstruo temible. Siéntate conversen, siente, demuestra que no tienes miedo, que no serás un ser indefenso.

La ansiedad te trae mensajes, debes aprender a escucharlos.

A lo mejor debes dedicar tiempo para ti.

Seguramente tienes que desechar esa basura mental como los pensamientos que limitan y son negativos.

Considera delegar tareas.

Vivo el ahora y suelta el futuro.

Vive despacio

Tienes que hacer lo que te gusta.

¿Por qué aparece la ansiedad?

Vamos a verlo con un ejemplo.

Marcela está en su cama, tranquila, se prepara para cerrar los ojos y dormirse, pero, de repente, sin motivo aparente todo cambia. Siente molestias, palpitaciones, como que el aire le falta, le cuesta respirar, le entra el miedo, no es un ataque de pánico, pero se le acerca. Es una crisis de ansiedad. Ella la padece así, pero puede ser de cualquier forma, todo depende de la predisposición de la persona. Puede aparecer sin razón, mientras que otras veces algunas situaciones la desencadenan.

Marcela tiene todos los síntomas típicos. Tiene mareo que no es mareo como tal sino temor a marearse. Se siente inestable, aturdida, entumecimiento. Además de los síntomas psíquicos tratados anteriormente. Incluso tiene el síntoma de miedo a volverse loca.

Si se tiene dolor físico en alguna parte del cuerpo, esto quiere decir que algo no marcha correctamente, es un dolor que avisa que pasa una cosa que hay que arreglar, como un dolor de diente que anuncia que hay una caries por reparar. El dolor es la alarma de que pasa algo, que toca actuar ya. Si el dolor es intenso, prolongado, vamos al médico para que nos quite el dolor y claro, para ver qué lo produce. El tratar el problema hace que el médico vea que tenemos una inflamación, un menisco dañado o de donde sea el dolor.

Igual pasa con la ansiedad, ella como tal no es un problema, sino que la ansiedad es el aviso de que algo no está marcando como tiene que ser y se tiene que tratar. Entonces qué es esto de que algo no marcha bien en nosotros.

Pues son varias las cosas, la ansiedad puede ser:

- Ser sintomatología que tenga relación con otra psicopatologías como la depresión, estrés postraumático, obsesiones, adicciones, trastornos de personalidad, etc.
- Significa que se tiene algún problema emocional, como puede

ser un duelo, que se pasa por una época de crisis personal o cambios a nivel emocional. Que sufrimos una crisis de intensidad que tenemos problemas de adaptación al entorno o a situaciones nuevas.

- Los errores de pensamientos son pensamientos que hacen de forma automática pero que tienen la propiedad de activar la rama simpática.

Por todo esto cuando un paciente viene a consulta diciendo que padece de ansiedad, lo más normal es que a lo que se haga historia clínica, se ve que la ansiedad es un síntoma que viene derivado de otra psicopatología, o lo mejor de una situación vital difícil, patológica y traumática.

Cuando se hace el diagnóstico correctamente, es cuando se puede comenzar un tratamiento para que elimines la ansiedad, todos los síntomas y las causas subyacentes que la originan.

El trastorno de ansiedad generalizada

Es normal sentir ansiedad en algunos momentos, especialmente si la vida es estresante. Sin embargo, la ansiedad causa preocupación excesiva y constante que son difíciles de controlar e interfieren en las actividades diarias que pueden ser un signo de un trastorno de ansiedad general.

Es posible que se padezca un trastorno de ansiedad generalizada en la niñez o en la edad adulta. El trastorno de ansiedad general tiene síntomas parecidos a los del pánico, el trastorno obsesivo compulsivo y otros tipos de ansiedad, pero son enfermedades distintas.

El vivir con trastorno de ansiedad generalizada es un desafío de largo plazo. Muchas veces se da junto con otros trastornos o emociones. En muchos casos el trastorno de ansiedad general mejora con psicoterapia o medicamentos. Es útil que se hagan cambios en el estilo de vida, que se aprenda frente a desafíos o situaciones que lleven a técnicas para relajarse.

Hay momento donde las preocupaciones no se consumen por completo, pero de todos modos se siente la ansiedad, aunque no haya motivos para que la detone. Por ejemplo, se puede sentir preocupación sobre la seguridad propia o de otros, o a lo mejor sientes algo malo que pueda suceder.

LOS ATAQUES DE PÁNICO

$\mathcal{L}$os ataques de pánico son el siguiente nivel de la ansiedad. Vamos a desarrollar todo sobre ella, sus síntomas y cómo enfrentar esta afección.

¿Qué son los ataques de pánico?

Un ataque de pánico es un episodio que aparece de repente, con intensidad y provoca reacciones físicas graves cuando no hay peligros reales o causas aparentes. Los ataques de pánico provocan mucho miedo, cuando se dan se siente que se pierde el control, que se tiene un ataque cardiaco, o incluso que se va a morir.

Muchas personas solo tienen un par de ataques de pánico en la vida, el problema se va cuando se resuelve la situación de estrés. Sin embargo, si tiene ataques de pánico inesperados y recurrentes, si se pasa mucho tiempo con miedo constante de sufrir otro ataque, es probable que se tenga algo horrible llamado trastorno de pánico.

Aunque los ataques de pánico en sí mismos no ponen en riesgo la vida, puede que provoquen mucho miedo y afectan, de manera significativa la calidad de vida. Aunque un tratamiento es eficaz.

Los expertos no tienen la seguridad de qué es lo que provoca los ataques de pánico y el trastorno de pánico. Pero el cuerpo tiene una respuesta natural cuando se estresa o está en peligro. El corazón se acelera, respiras rápido y se consigue una descarga de energía. Esto se llama respuesta de lucha o huida. Lo que hace es que el cuerpo se alista para enfrentar esa situación que tienes enfrente.

Los ataques de pánico se dan cuando suceden por culpa de un desequilibrio de las sustancias químicas del cerebro o cuando hay antecedentes familiares de trastorno de pánico. Puede que en ocasiones se den causas claras. Los ataques de pánico suceden por:

- Problemas de salud, como la tiroides hiperactiva o problemas del corazón y respiración.
- Depresión o trastorno de ánimo.
- Problemas con el alcohol.
- Fumar mucho o tomar mucho café.
- Consumir mucha nicotina o demasiada cafeína.
- Tomar medicamentos como los usados para tratar el asma y problemas del corazón.
- Usar drogas ilegales, como marihuana o cocaína.
- Vivir con muchos niveles de estrés por mucho tiempo.

Usted tiene gran probabilidad de tener trastorno de pánico si alguno de sus padres tiene depresión o trastorno bipolar.

Hay personas que tienen miedo de estar en multitudes de hacer una fila o estar en centros comerciales, les da miedo tener ataques de pánico o de no poder escapar este problema es lo que se llama agorafobia. Puede ser grave para personas que nunca salen del hogar.

Síntomas

Un ataque de pánico consiste en la aparición de un episodio distinto al miedo o a la angustia que evoluciona menos de diez minutos donde aparece de manera brusca cuatro o más de los otros síntomas.

- Palpitaciones, sacudidas del corazón donde aumenta la frecuencia cardiaca.
- Sudoración excesiva.
- Temblores o sacudidas.
- Sensaciones de ahogo o aliento que falta.
- Sensación de que se atraganta.
- Opresión en el pecho.
- Nauseas o molestias abdominales.
- Mareo o desmayo.
- Sensación de irrealidad, despersonalización.
- Miedo a perder el control
- Temor a morir.
- Parestesias, sensación de entumecimiento o sentir hormigueo.
- Escalofríos o sofocos.

El pánico se manifiesta con frecuencia cuando hay acumulación de ansiedad o emociones negativas. La acumulación resulta de una situación determinada que provoca la ansiedad. Si padeces un ataque de pánico, se pueden sentir síntomas físicos y psicológicos.

Al tratarse de un ataque de pánico, se comienza por sudar, tiritar y tener músculos contraídos. También se suele tener la sensación de perder el control del cuerpo o a veces puede suceder que perdamos el contacto con el cuerpo. Es como si se tuviera una experiencia extracorpórea proyectados fuera del cuerpo. El corazón comienza a latir más y las pupilas se dilatan. Se comienza por respirar con menos profundidad lo que causa una sensación de mareo. Llegados a este punto puede suceder que hiperventilemos.

Cuando esto pasa se suele experimentar el mismo síntoma que cuando se sufre un ataque de pánico, esto porque se respira con menos profundidad, el cerebro recibe menos oxígeno y esto puede causar mareos. Frecuentemente los ataques de pánico provocan hiperventilación.

Los síntomas se pueden ir con el tiempo luego de una hora de evolución. Hay criterios para las crisis de angustia en función de las circunstancias que aparecen y el modo de inicio.

Las crisis espontaneas o inesperadas, aparecen sin que te asocies con ningún desencadenante inmediato. Son las que definen la existencia de un trastorno de angustia o de pánico.

Crisis desencadenadas por determinadas situaciones, que aparecen de forma invariable inmediatamente luego de la exposición o anticipación a un estímulo o desencadenante ambiental. Son características de los trastornos fóbicos. El inicio de estas crisis es progresivo en función de la aproximación o premonición de estímulo fóbico. Ceden rápido o no llegan a aparecer cuando las conductas tienen éxito.

Las crisis predispuestas por situaciones, aparecen en la exposición a un desencadenante ambiental, no se asocian con dicha situación, ni cuando lo hacen luego de un afrontamiento. Las crisis son evidencia de agorafobia.

Cómo diagnosticarlo

El diagnóstico de trastorno de angustia implica persistir al menos un mes con miedo sobre la posibilidad de que suceda un ataque de pánico o que se den cambios en el comportamiento, motivado por el acuerdo a los siguientes criterios:

Crisis de angustia que se dan de manera repetitiva. Al menos una de las crisis viene luego de un mes, de uno o más de estos síntomas:

- Inquietud constante ante la posibilidad de padecer más crisis.
- Preocupaciones por implicaciones de crisis o consecuencias, como el miedo a tener un infarto.
- Cambio significativo del comportamiento relacionado con las crisis.
- Las crisis de pánico no son efectos fisiológicos directos de alguna droga o medicamento, o también por enfermedades como el hipertiroidismo.

- Las crisis de pánico no se pueden explicar mejor por la presencia de otro trastorno mental, como por ejemplo una fobia social, fobias específicas, trastorno obsesivo compulsivo, estrés postraumático, trastorno por ansiedad de separación. Etc.

Los ataques de pánico o trastorno de angustia pueden suceder con o sin agorafobia. Esto se refiere a:

- Aparición de la ansiedad adquirida e irracional al encontrarse en lugares donde pueda resultar difícil. Escapar o en lo que puede no disponerse de ayuda en los casos de que aparezcan ataques inesperados o angustias. Estos temores se relacionan con un conjunto de situaciones entre las que incluye estar solo fuera de casa, mezclarse con gente o hacer colas, pasar por un puente o irse en bus, tren o coche. Es por considerar el diagnóstico de fobia específica si el comportamiento se limita a una o a pocas situaciones específicas, o de fobias sociales si tan solo se relaciona con acontecimientos de fobias sociales si tan solo se relaciona con acontecimientos de carácter social.
- Las situaciones sociales se evitan, por ejemplo, se limita el número de viajes a costa de un malestar o ansiedad significativos por temor a que suceda una crisis de angustia o síntoma similar a la angustia, o se hace indispensable la presencia de un conocido para soportarlas.
- La ansiedad o comportamiento de evitación no se puede explicar mejor por la presencia de otro trastorno mental como fobia social, específica, TOC, de todo lo que pueda ensuciar al individuo con ideas obsesivas, trastorno por estrés postraumático o trastorno de ansiedad por separación.

Cualquier diagnóstico de ansiedad se debe descartar previamente algunas enfermedades que pueden cursar con nerviosismo extremo en algunas situaciones.

¿Se hereda?

El trastorno de angustia es frecuente en familias cercanas. Entre 30 a 50% los hermanos gemelos de un paciente con trastorno de angustia tienen la enfermedad.

El pronóstico

El tratamiento controla los episodios. La mayoría de los pacientes tratados consiguen no tener ningún síntoma y muchos de ellos pueden retirar el tratamiento sin que aparezca la enfermedad.

Por desgracias, muchas personas con ataques de pánico no acuden al médico y pueden sufrir alteraciones importantes en la calidad de vida.

El tratamiento

El objetivo del tratamiento es reducir el número de ataques de angustia y la intensidad.

El tratamiento clave de estos pacientes son los antidepresivos, especialmente los inhibidores selectivos de la recaptación de serotonina. Generalmente se dan dosis más bajas que las usadas para tratar la depresión y se mantienen hasta dos años después de haberse ido. Las benzodiacepinas se usan cuando hay diagnóstico y se da de manera esporádica posterior.

Las intervenciones ayudan al paciente a controlar los síntomas durante los ataques, son estrategias usadas por profesionales para explicar y ayudar a enfrentar el problema.

Cómo enfrentar un ataque de pánico

Los ataques de pánico son esas oleadas repentinas de ansiedad. Abrumadoras y los síntomas que son físicos como emocionales. Muchas personas que tienen ataques pueden presentar dificultad para respirar, sudan tiemblan y sienten el latido de sus corazones.

Algunas personas llegan a sentir dolor en el pecho y una sensación de desapego de la realidad o de sí misma durante un ataque de pánico que les hace pensar que tiene un ataque al corazón. Otros han reportado sentirse como si sufrieran un accidente.

Los ataques de pánico pueden causar miedo, es posible que lleguen rápidamente. Te dejo unos consejos según el síntoma para que lo trates y calmes ese episodio terrible.

Esa horrible sensación de infarto

El dolor en el pecho es uno de los síntomas más comunes que se asocian con los ataques de pánico. Esto es por la ansiedad que puede ser cardiaco o no cardiaco en origen. Sin embargo, las diversas terapias y las medicaciones se han probado de manera beneficioso en reducir el dolor de pecho ansiedad inducido.

Los factores contribuyen al dolor de pecho que sucede por ataques de pánico, clasificados en causas cardiacas o no. El dolor de pecho es porque el camino de la sangre se reduce, un espasmo o una isquemia coronaria. Sin embargo, el dolor de pecho que es no cardiaco sucede por sistemas musculoesqueléticos, del esófago o de otros órganos relacionados con el corazón.

Algunas razones del dolor de pecho pueden ser:

Las razones no cardiacas

El dolor puede suceder en el sistema musculoesquelético o en el esófago. Puede ser por temas de hiperventilación que puede causar que los músculos de la pared del pecho intercostal entren en espasmo. La ansiedad lleva a que se tenga espasmo en el esófago. Por eso duele el pecho.

Razones cardiacas

El dolor cardiaco es por la acción directa de mecanismo ansiedad conectados en el corazón. El dolor puede ser por el estímulo autonómico junto con el impacto de episodios de la hiperventilación. La combinación de estos factores da pie a contracciones de la pared muscular de las arterias coronarias que tienen el músculo cardiaco.

El espasmo de la arteria coronaria lleva a que haya un abastecimiento reducido de sangre. De este modo sucede un déficit de oxígeno en el músculo cardiaco. Esto da paso a dolor de pecho cardiaco. Además de estos elementos, la ansiedad puede agravar dolor de pecho en personas con una última historia de la enfermedad del corazón, especialmente por la necesidad creciente del oxígeno del miocardio, por un batido de corazón más rápida y aumenta la presión arterial.

Isquemia pequeña del bucle

La ansiedad también da paso a contracción de los bucles del corazón. Esto por la sobreactividad comprensiva. Los ataques de pánico y los episodios asociados con la tensión o de la hiperventilación lleva a un pico en dolor microvascular del tono y el pecho. Es importante ver que hay un trastorno que sucede con isquemia real del músculo cardiaco por la manera en la que el corazón y el sistema respiratorio por esos ataques.

El dolor de pecho debido a la ansiedad en una condición tratable. Sin embargo, es importante que busques ayuda, profesional si se tiene dolor de pecho. Una diagnosis correcta es clave para determinar la causa del dolor de pecho. El médico determina la causa del dolor, basada en historia y diversos exámenes físicos.

Las terapias farmacológicas y sicoterapias se usan para tratar el dolor de pecho por la ansiedad.

Dentro de las opciones para controlar la ansiedad está:

Respirar profundamente

Ella puede tener un efecto que calma la carrocería y mente. La técnica puede normalizar el ritmo cardiaco, primero hay que inhalar por diez segundos, esperar y luego exhalar de nuevo por otros diez segundos, para calmar ese dolor.

Técnicas mentales

Estos son pasos para que desvíes la atención a cosas o lugares agradables para que releven la ansiedad. Puede llevar a una sensación lenta de relevo de los síntomas del trastorno de pánico. La persona tiene que reconocer que no es peligroso para la vida, ser optimista y relajado puede ayudar en relevar el dolor.

Salud general

Haciendo ejercicio regular, la tensión de manejo con técnicas apropiadas y las estrategias que hacen frente, consiguiendo suficiente sueño y comiendo una dieta equilibrada que puede prevenir la repetición de los síntomas de ataque de pánico como dolor de pecho. Debes bajarle el consumo a la cafeína, el tabaco y el alcohol, esto es importante y que puede agravar la ansiedad.

La respiración superficial

La hiperventilación es un fenómeno respiratorio que aparece en las personas que sufren ataques de pánico. Por lo general sucede una serie de consecuencias en el organismo que llegan a ser desagradables e incluso alarmantes si no se sabe a qué se deben. Como e va a ver ahora mismo, no es algo peligroso.

Vamos a ver cómo funciona la respiración, necesitamos respirar para poder dotar al cuerpo de energía. Los nutrientes que se toman al comer y beber se deben transformar en energía a través de complejos procesos bioquímicos para los que es necesaria la presencia de oxígeno. Cada que se inspira se introduce carga de oxígeno en los pulmones. Este es recogido por la sangre en los capilares que existen al final de los bronquiolos para ser llevados al corazón.

La hiperventilación se define como la respiración que está por encima de las necesidades del cuerpo. Es decir, es una respiración excesiva. Produce por respirar superficialmente, tomar grandes bocados de aire.

¿Qué hacer si se hiperventila?

Si es la primera vez que sucede, lo más recomendable es que vayas a un médico para que haga una exploración y busques detectar si es por una enfermedad o producto de la ansiedad.

Si te sucede que hiperventilas por motivos de ansiedad, puedes calmarla de esta manera:

- Intenta que la respiración se haga regular, no respires acelerado. En caso de que conozcas la técnica de respiración. En caso de que conozcas una técnica de respiración como las que ha podido enseñar la terapeuta. Es un buen momento para que la pongas en marcha.
- Respira lentamente y menos superficial, puedes intentar respirar con los labios fruncidos como si buscaras apagar una vela. Puedes taparte la boca y una fosa nasal respirando por la que queda destapada. Así aumentas la cantidad de CO_2 en los pulmones.
- Puedes respirar por unos minutos colocando una bolsa de papel en la boca y la nariz, así consigues inspirar parte del CO_2 que hayas expirado. De este modo aumentas la cantidad en el organismo. Actualmente profesionales de la salud no lo recomiendan, porque en opinión de ellos, el incremento de CO_2 es muy alto.
- Haz actividades que te relajen

La sensación de ahogo

No todas las sensaciones del cuerpo tienen la misma probabilidad de suceder, al menos no de inmediato, es más probable que acabe ocurriendo una crisis de ansiedad que otra cosa. El ahogo es otro de los síntomas y se tiene que tratar durante la crisis.

Mareos

El mareo sucede con la ansiedad, si se está experimentando ansiedad, se puede sufrir mareo, por otra parte, el mareo causa ansiedad, el sistema vestibular es quien tiene responsabilidad en la postura del cuerpo y el movimiento alrededor. Este consiste en el oído interno a cada lado, en áreas puntuales del cerebro y los nervios que lo conectan.

El sistema tiene la responsabilidad de la sensación de mareo cuando las cosas se ponen mal. Los científicos creen que el área se encarga de interactuar con el cerebro y es responsable de la ansiedad y causa los síntomas. El mareo viene acompañado con la ansiedad y se describe con frecuencia como una sensación de aturdimiento o atolondramiento.

Se puede sentir como que da vueltas la cabeza por dentro, más que por el medio ambiente, a veces se siente la sensación de balanceo, incluso estando en reposo y quieto. Lugares como centros comerciales, tiendas, espacios abiertos o similares pueden causar esta sensación.

Si se tiene tendencia a ser ansioso el mareo por el sistema vestibular y la ansiedad pueden interactuar empeorando los síntomas. Frecuentemente la ansiedad y el mareo se tienen que tratar juntos para lograr mejoría.

La ciencia ha ido entendiendo mejor esto del mareo y de la ansiedad, se relacionan y van desarrollando áreas para el tratamiento. Algunos especialistas tratan a pacientes que tienen ansiedad y mareo y logran sanarlos. La idea es que el sistema vestibular trabaje tan bien como sea posible. Las personas aprenden a controlar los síntomas en pequeñas dosis.

Seguir el ritmo es hacer actividades que llevan a los síntomas en dosis pequeñas de descanso por medio, para que los síntomas no se salgan de control. Cuando se entiende esto, se aprende a manejar la situación.

Desmayos

La sensación de mareo y el temor a desmayarte es otro de los síntomas que aparecen cuando hay ansiedad. No lo es el desmayo como tal, la verdad es que, si te desmayas, a lo mejor no será como consecuencia de la ansiedad, sino que se deriva de otros problemas, como de alimentación. Muchos pierden el apetito cuando tienen cuadros de pánico y ansiedad. Esto puede llegar a que pierdan el conocimiento y se desmayen.

Puede suceder también que aparezca un desmayo por culpa de una crisis de ansiedad, que se da por hiperventilación. El organismo al verse privado del oxígeno que necesita, se puede hacer y es entonces cuando la sensación de mareo pasa luego al desmayo. Pero insistimos en que el desmayo no es un síntoma frecuente de ansiedad.

Con el desmayo sucede lo mismo que con otros miedos de ansiedad. Es más, el miedo a desmayarte que el propio desmayo. Es igual que cuando crees y temes que vas a perder la cordura, cuando pasas la crisis de pánico ves que no fue así. Esa sensación de pánico porque tienes la certeza de que morirás, pero luego te das cuenta que superaste todo esto.

Es por eso que, si sufres desmayos frecuentes por ansiedad, lo mejor es que vayas al médico, porque se puede tratar de un problema, lo único que está en la mano es que busques aliviar la sensación y así sentirás que ese deseo de desmayo se irá. A los pocos minutos se irá.

Con el paso del tiempo tienes que aprender a racionalizar los síntomas de ansiedad, el temor a perder la cabeza, a marearte o desmayarte es solo una percepción errónea producto de la ansiedad. No te desmayarás, tampoco te volverás loco, así que cuando notes los síntomas de mareo o desmayo, deja lo que estés haciendo y céntrate en respirar.

Los ejercicios de respiración consciente no solo te ayudan a recobrar un poco de calma, a sentir menos nervios y agobio. Además, restablecer el oxígeno que faltaba a causa de la hiperventilación. Si sientes que te mareas, respira profundamente y verás que no te desmayas.

Controla las ganas de vomitar

Como normalmente sucede, la ansiedad tiene muchas caras, una de ellas es la punta de todo, los síntomas físicos y emocionales inmediatos que son los que más nos molestan y queremos eliminar. Pero estos no son el problema real, tampoco quitarlos es la solución, esta está en trabaja con el fondo de esto, en este caso la ansiedad.

No es que te causen náuseas y venga la ansiedad y después el pánico. Tiene alta ansiedad y el cuerpo lo manifiesta. Entonces una vez que los niveles bajen, las náuseas se reducen por su cuenta.

Hay que trabajar directamente con las náuseas para resolver de forma integral por así decirlo.

Ten presente estos consejos para que puedas trabajar en el sistema digestivo.

Sana el sistema digestivo

Para esto hay infinidad de terapias y tratamientos, desde un cambio en l dieta, limpieza de colon, tratamiento con infusiones, jugos, alimentación sana, dejar las gaseosas... lo importante es que te centres en el estómago y en sanarlo, no en medicarlo y sopar los síntomas y sanarlos.

Esto te puede servir para antes de comer, un té de manzanilla es ideal, también tomarte un Tums o agua con una cucharada de bicarbonato. Remedios para que eliminen estas sensaciones.

Deja el miedo a las nauseas

No porque sientas nauseas significa que vas a vomitar o que tienes peligro, solo significa que el estómago te pide atención y cuidado. Por eso, cuando tengas nauseas, siéntelas sin resistencia, sin quejar o sin preocuparte de más. Cuando sientas esto, cierra los ojos, le pones atención, mientras aflojas el estómago y respiras profundo. Lo haces unas cinco veces.

Cada que estés respirando, le mandas oxígeno al estómago y respiras profundo varias veces.

La idea es que dejes de activar más estrés cuando lo sientas porque de por sí ya tienes pánico o ansiedad, y luego cada vez que te dan nauseas te da más miedo, pues aumentas el problema. Tienes que perder el miedo a las náuseas y cuando lleguen te relajas, respira y piensa frases positivas.

Líbrate de la ansiedad

A la par necesitas trabajar los pensamientos y lo que sientes, todo eso que te genera ansiedad, con los comportamientos que te dañan o resuelven las situaciones de presión en la vida. Para eso la recomendación es que vayas a terapia, que escribas sobre lo que sientes, comienza a hacer lo que te gusta. Modificar conductas y comportamientos que dañan. Todo lo que necesites para que dejes atrás la ansiedad.

Conversa con tu cuerpo

Siempre ha funcionado hablar con el cuerpo, pues este se mantiene al servicio y si algo ha hecho es funcionar y aguantarnos con todo el estrés acumulado. Al hablar con él se puede pedir perdón por tantos corajes que se tienen dentro, decirle que se va a cuidar y darle instrucción de que comience a sanar.

Escribe lo que te moleste

Escribe eso que te moleste, lo que te dé coraje, lo que no puedes procesar, lo que no puedes tolerar, eso que genera rechazo o malestar y de este modo canalizas para afuera lo que te dé nauseas.

Para terminar de cualquier modo, la ansiedad es tan solo una forma en la que el cuerpo te pide atención y cuidado. Así como que canalices las emociones y pienses cosas de verdad. Todo esto no es más que un aviso para que te detengas y te cuides más.

Sudoración

El sudor puede aparecer en el momento que menos lo esperas, a veces hay situaciones donde traspiras en exceso. Por norma general las situaciones están ligadas de forma exagerada, normalmente las situaciones se relacionan con episodios de estrés o ansiedad que nos lleva a sentir incomodidad y lleva a una visa social y laboral.

Lo bueno es que se puede hacer frente a los momento de estrés controlando el cuerpo y haciendo distintos métodos. Veamos cómo lidiar con el sudor en exceso cuando este sucede por culpa de la ansiedad.

Las personas que sufren problemas de ansiedad, el sudor en exceso aparece como uno de los rasgos más patentes. Cuando se tiene estrés se bombea el corazón más rápido, y hay más oxigenación y consumo de energía. Todo esto causa aumento en la temperatura, lo que demanda sudor para favorecer la refrigeración y mantener la temperatura estable.

Con la ansiedad el sudor lleva a una consecuencia, al estresarnos provoca que las glándulas sudoríparas para que se pongan a trabajar. Nos damos cuenta de que estamos transpirando en exceso. Esto causa estrés lo cual hace que se sude más y así hasta el final.

Por esto es clave que se usen los medios al alcance para reducir la aparición del sudor, como los antitranspirantes, identifiquemos y ataquemos el núcleo del problema de ansiedad e intentar mejorarlo.

Deseos de ir al baño

Los investigadores tienen un par de buenas razones sobre este fenómeno. Uno sostiene que cuando se tiene ansiedad o nervios, el cuerpo entra en un modo de supervivencia o huida. La tensión produce adrenalina y estimula la sensación de liberación de orina, es un modo de supervivencia que aumenta la producción de orina.

Bajo estrés el sistema nervioso central se pone en marca para operar a un nivel más alto de sensibilidad, lo que lleva a necesitar menor para activar el reflejo.

La otra teoría es que cuando se tienen nervios, los músculos se ponen tensos y uno de los músculos puede ser la vejiga. Cuando sucede te hace querer que vayas a orinar. Por lo que los doctores recomiendan que te relajes y te distraigas para que te relajes la mente y los músculos si no se tiene fácil acceso a un baño. Ya ves, no es tan sencillo.

Tragar, ese gran desafío

Tragar es un tema cuando estás con ataques de pánico o ansiedad, o te da por comer mucho o no comer nada y que te cuesta tragar.

Puede que en algunos casos comas como loco, luego viene la culpa y te lamentas y la tristeza. Después pasas a un tiempo que se te olvida, sigues generando estrés dentro de ti y vuelve a venir la necesidad emocional de descargarte con comida.

Este es un ciclo donde el cuerpo y la mente se combinan y hacen sentir que no tienes fuerza de voluntad, con culpabilidad constantemente y con remordimientos por lo que comes.

Dolores de cabeza

Llegas tarde, no encuentras las llaves del coche. No tienes preparación para la reunión de la mañana, el perro llena de barro la sala de estar, no es de extrañar que te duele la cabeza.

Los dolores de cabeza se dan normalmente cuando tienes estrés. El estrés dispara las cefaleas y las migrañas de tipo tensional, puede que te lleve a tener cefaleas o empeorarlas. El estrés no tiene que irse de tu cabeza, e que tomes medidas para que controles el estrés te ayuda a mantener a raya los dolores de cabeza.

El estrés que genera un suceso de vida clave, como el nacimiento de un hijo, la muerte de un familiar, un cambio de carrera o una separación. No se niega, sin embargo, por lo general, ese no es el punto de estrés que provoca dolores de cabeza.

Por el contrario, son irritantes a diario. Como buscar papeles perdidos, estar en un embotellamiento o tolerar pequeñas molestias en el trabajo, lo que puede afectar la capacidad para afrontarlos. Para algunos, esto da dolor de cabeza.

Debes responder a estos detonadores de estrés, tensando los músculos, rechinando dientes o endurecimiento los hombros, para hacer que los dolores de cabeza empeoren.

Es imposible que evites el estrés de todos los días, lo puedes controlar, lo que sirve para prevenir dolores de cabeza. El que te hagas tiempo placenteras, como escuchar música, hacer deporte, bailar, leer, jugar con alguien o con la mascota, esto puede ayudar.

Te tienes que reservar espacio así sea diez minutos al día, para practicar, relajación, las técnicas comprenden lo siguiente:

- Meditación.
- Taichí.
- Respiración profunda.
- Yoga.

Hormigueos

La sensación de hormigueo en el cuerpo se da cuando surge una comprensión de un nervio debido por la falta de oxígeno por problemas en el nervio de la región o el sistema nervioso central.

Por lo general el síntoma es pasajero y mejora con el movimiento o la realización de masajes en el área que llevan a la circulación. Sin embargo, indica la presencia de problemas como mala circulación, hernias discales, diabetes y claro los ataques de pánico y ansiedad.

Ese hormigueo es por la ansiedad o estrés que puede afectar las manos, la lengua, los brazos, el trastorno de pánico que se viene acompañado de sudor frío, palpitación cardiaca y dolor de pecho o vientre.

En estos casos lo que tienes que hacer es buscar un sitio tranquilo, respirar profundamente concentrarte en hacer cosas como yoga, pilates para aliviar el estrés y la ansiedad.

Piernas débiles

La debilidad es que no tengas fuerza en los músculos y es la sensación de que se dé un esfuerzo adicional para que muevas los brazos, piernas y otros músculos. Si la debilidad muscular se da puede ser por dolores y también porque todo el cuerpo está alterado por el cuadro de ansiedad y pánico.

Preocupaciones anticipadas

La ansiedad sirve para que movilicemos el cuerpo frente a una amenaza o peligro real, por lo tanto, no es mala de por sí, al revés nos da información sobre los peligros inminentes.

Entonces, la ansiedad anticipatoria intenta predecir las consecuencias de acontecimientos del mañana, intenta prevenir un peligro que aún no ha sucedido, cosa que puede servir para que te protejas en ocasiones o en otras que te pueden bloquear el camino.

Si te imaginas que podrías tener un accidente en el coche, es probable que lo primero que pase es que al subir al coche sea que te pongas el cinturón. Este es un tipo de respuesta que te puede proteger de tener un accidente. Ahora, no todas las respuestas de este tipo te sirven. Siguiendo con la situación de esto, si por el miedo a tener un accidente, te quedas en casa y no tomas el auto, la ansiedad crece y no conseguirás la solución.

Algunos síntomas que pueden manifestarse en el cuerpo cuando se tiene ansiedad anticipatoria con mareos, taquicardia, sudoración, dolores de pecho, voz temblorosa, y otros más. Además, puede aparecer la sensación de que toso se sale de control, la sensación de pérdida de control de la situación, los síntomas se dan por falta de tolerancia ante lo que no se puede controlar, es decir, que muchas veces cuesta gestionar la incertidumbre y sentir que no se puede controlar lo que pasa alrededor.

Para que se puedan vencer la ansiedad muchas veces se necesita una intervención psicológica, que se complementa en ocasiones con un farmacológico. Algunas claves que pueden pasar es el pensamiento que se centre en la respiración, que se haga mindfulness, deporte, que entrenes y te den pánico.

Coloca el freno y aplaza los pensamientos negativos, imagina que puedes hablarte del pensamiento negativo y decirle que no quieres que te incordie más, dile que ya basta de molestar porque le harás caso después y que en este momento prefieres que te centres en temas importantes. Si aplazas los pensamientos es más fácil que nuestras emociones no se vean afectados y sientas que estás copado.

La costumbre de procrastinas las cosas como las reflexiones, son una determinada idea que se da cuando lo ponemos con día y fecha. Es decir, que no se trate de pararla de manera indefinida.

Si te expones poco a poco a eso que te da miedo, la ansiedad va a ir reduciéndose poco a poco, la solución no es que evites lo que te dé miedo, sino que afrontas los retos que te lleven a superar los miedos que tienes en el fondo. Si tienes miedo a volar el primer paso es que recojas a alguien en el aeropuertos y veas cómo los aviones despegan y aterrizan.

Tienes que aprender a vivir en el ahora. La ansiedad aparece porque se tiene demasiado pensamiento sobre el futuro. Tienes que vivir calmado. Hacer meditación te ayuda a centrar la atención en la respiración. Puede que los pensamientos negativos se vayan o por lo menos queden atenuados.

Haz ejercicios que te hagan sentir bien, el ejercicio ayuda a que dejes atrás la ansiedad para siempre, no solo te estás cuidando en la dimensión del cuerpo, sino que también ayudas a la salud mental, así transformas la práctica del ejercicio. Si te comer muchos alimentos, lo que puedes hacer es que consigas una buena cantidad de agujetas, lesionarte o hasta que no vuelvas a ver la agenda por mucho tiempo.

Si haces ejercicio liberas endorfinas y te sirve para que duermas mejor y vayas por ahí más relajado. Si usas la energía de la ansiedad anticipatoria como por un impulso para mejorar y que aprendas de ti mismo a sacar su parte positiva. Puedes aprender a enfrentarla y mostrar n sano grado de escepticismo frente a lo que pronostica. Para ello es útil que aprendas a eliminar el drama y ver que al termina puede pasar a ser solo una probabilidad. El resto de la vida está pasando ahora, delante de nosotros y tenemos la oportunidad de aprovechar para crecer como personas.

Cómo diferenciar un ataque de pánico de un infarto

Muchas personas llegan a la sala de urgencias, pensando que viven un infarto, cuando en realidad se habla de un ataque de pánico. Esto es porque hay síntomas similares, como dificultad para respirar, dolor en el pecho, vértigo, mareos, sensación de irrealidad. Sudoración, hormigueos, desmayos y temblores.

Un ataque de pánico se puede dar de manera espontánea, representa un peligro ahora. Al contrario, un ataque cardiaco es peligroso y exige atención médica ahora mismo. Estas son algunas diferencias que tienes que tener en cuenta para que los diferencies.

Los síntomas del ataque de pánico

El ataque de pánico es un episodio repentino que lleva a sentir mucho miedo y provoca reacciones físicas graves cuando no existe peligro real o una causa aparente.

Recordemos los síntomas:

- Dolores de cabeza.
- Sensación de que morirás o peligros.
- Sentimientos de irrealidad y hormigueo.
- Dolor de pecho
- Problemas para respirar
- Aturdimiento, mareos o desmayos.
- Latidos acelerados.
- Temblores
- Sudoración excesiva.

Ahora veamos los síntomas de un infarto

Un ataque cardiaco sucede si se obstruye el flujo sanguíneo que llega a una parte del corazón, este no puede obtener oxígeno, si el flujo de sangre no se restablece rápidamente, la parte del corazón comienza a morir, los signos más comunes son los siguientes:

- Dolor de pecho y una sensación de opresión.
- Nauseas
- Vómitos.
- Problemas para respirar.
- Mucho sudor.
- Confusión.
- Desvanecimiento.

Si estos síntomas duran unos tres minutos o si el dolor va y viene entonces podría ser un infarto.

Ten presente las diferencias clave:

En un ataque de pánico el dolor de pecho es agudo y punzante y se halla en la mitad del tórax. Cuando el dolor de pecho es un ataque cardiaco, puede que se extienda al pecho.

ACEPTA LA ANSIEDAD

A lo mejor esta es una propuesta que se sale de lo normal, tienes que aceptar la ansiedad que es como pensar que debes aceptar vivir con el peor enemigo y meterlo a la cama. Tienes que comprender que esto no se siente bonito, al contrario, la ansiedad se disfraza de león cuando en el fondo no es más que un corderito. Te cuento entonces la importancia de que aceptes la ansiedad y le quites la máscara y la superes.

El primer paso es que trabajes para superarla, que la aprendas a aceptar, que aceptes la ansiedad y hace que los esfuerzos para sanar sean un proceso más pacífico.

Aceptar la ansiedad es que dejes de luchar contra ella. lo contrario es la queja, que te resistas, el renegar, no querer aceptar que eso pasa en la vida. Aceptar la ansiedad implica que dejes de resistirte a ella, que no la veas como una enemiga que quieres destruir.

Es importante ver cómo nos referimos a la ansiedad y los pensamientos negativos. Cómo se quiere destruir, quitar, combatir, amarrarla, controlarla. Esto es algo realmente que no funciona, pues las actitudes internas son las que generan esa ansiedad.

El control, el resistirse, es lo que hace que tengamos más ansiedad. Cuando los síntomas de ellas atacan, si se aplica el resistirse, aumenta la tensión. Lo que teneos que buscar es el equilibrio para el cuerpo, dejar de controlar todo y comenzar a tratarla con amor.

Aceptar la ansiedad implica que:

- En los momentos donde la sientes, te permites sentirla, comienzas a fluir con ella, das espacio para que la vivas.
- No te victimizas por vivirla, diciendo que por qué a ti, por qué tú, no lo mereces, es injusto, eres víctima de esto, no lo puedes controlar.
- No te asustas por la existencia dentro de ti.
- No culpas a los otros o le reprimes por generar la situación.
- Aceptas los síntomas por más desagradables que te parezcan, permites que estén allí.
- Reconoces la realidad como se te presenta, no te das golpes contra las paredes para cambiar la realidad.
- Asumes la responsabilidad en el hecho de que algo se ha venido dando, sientes o piensas que te tiene de ese modo.
- Tienes la disposición para escuchar el mensaje que tiene para ti, haces los cambios necesarios para que se pueda ir.

Claro, tiene que estar convencido de que no es peligrosa, para que se pueda aceptar, pero esto solo se puede saber con certeza, si te dejas vivirla, por eso para poderla aceptar es necesaria la valentía, mucha, para sentarse y ver que no te va a hacer daño. Así podrás ver que al tiempo se va, sin haberte dañado como lo creíste.

Pero como antes de sentirla, la dopamos, la callamos y evitamos, en el fondo siempre nos queda la duda de que puede ser un peligro, entonces el miedo nos acompaña y ahí es donde entramos en círculos viciosos de ansiedad y recaídas.

El hecho de que te duela no implica que tienes que sufrir, cuando logras aceptar la ansiedad, vives el dolor como es, el auténtico y que te hace sentir ansioso, pero de ahí a que sufras es otra cosa.

Cuando aceptas la ansiedad vives el dolor como es, el dolor primero y autentico que se siente cuando estas en un estado ansioso. De ahí a que sufras es otra cosa, el sufrimiento viene desde que quieres quitar el dolor, entonces generas más tensión en ti, mucha resistencia que te hace sufrir.

La ansiedad tiene energía, vive dentro del cuerpo cuando no la aceptas la energía se hace más grande e intensa. Cuando te quieres deshacer de la ansiedad le das poder, pues la alimentas, cada que te quejas, resistes o rechazas y la engrandeces.

Cuando te das cuenta que por más que haces eso no se va, entonces crees que nunca te curarás, que tendrás ansiedad toda la vida. Pero no es así, aumenta y parece infinita porque te niegas a dejarla, te resistes a ella.

Cuando vienes y la aceptas, el cuerpo comienza a relajarse, la mente va aclarándose y te comienzas a sentir mejor. Al aceptarla dejas la lucha contra ti mismo. La guerra interna se va y vas recuperándote poco a poco.

Es como el dicho ese famoso de que la guerra necesita de dos partes para existir, si te sientes con la ansiedad atacando, entonces es la hora de que la dejes de atacar, de cierto modo te rindes a ella y te metes en sus síntomas.

Aceptarla es una actitud interna, esto quiere decir que no te llega de gratis, un día de repente la aceptación se trabaja en el interior como una actitud interna, que, aunque por ahora no se sienta, se va dando poco a poco en ti.

La ansiedad se vive en nosotros, es ahí donde se siente, por eso pocos la entienden. Solamente tú sabes lo terrible que se siente justificar la existencia. La ansiedad está en nosotros, es un hecho que se comienza a aceptar, es un hecho que entre más se luche contra ese hecho más tensión hay, por ende, la ansiedad crece.

¿Por qué es difícil aceptarla?

- Se cree que si se acepta se está dando paso a la rendición.
- Da miedo de que se comience a sentir más que se ponga intensa.
- Se cree que si se acepta entonces se queda por siempre.
- A lo mejor te sientes débil si consideras hacerlo.
- No quieres dejar la lucha, te quieres demostrar que puedes con ese animal inmenso.
- Se te enseñan los obstáculos que aparecen, los problemas que atacan, los enemigos que se derrumban.
- Es difícil que liberes el control, las ganas de controlar todo

Sea cual sea la razón por la que te es difícil aceptar esto, es que comienzas a cambiar la perspectiva al respecto, que aunque no estés convencido totalmente, tienes que intentar aceptarla.

Entonces, ¿Cómo aceptar esto en la vida?

Si ya andas pensando en aceptarla, entonces ten presente estos consejos:

Conversa con ella

Tienes que sacar una cita con ella, en privado, te vas y comienzas a hacer las paces. Le dices lo que sea necesario, lo que salga de tu corazón, si la quieres insultar pues está bien. A lo largo del día te vas calmando, tienes que llegar y decirle que estás dispuesto a aceptarte, aceptar que está en la vida, que llegaste por algo, que aceptas que estás aquí, que algo le quieres decir, que lo quieres escuchar. Puedes hacer frente al espejo o imaginar que está en una silla vacía ante ti.

Habla con los síntomas

Cada que comiences a sentir que la ansiedad llega con su inquietud, nerviosismo, preocupación, taquicardia o sudoración, sea cual sea el síntoma en cuanto ves que comienza a llegar, en vez de tomar la actitud de defensa y de alerta, haces un alto y le das la bienvenida, que puede pasar.

Que hable con los síntomas significa que dejas de creer que los síntomas te pueden hacer daño, o que estás en peligro de muerte, realmente dejas de creerlo, así es que tienes que atreverte y darte cuenta que si hasta ahora no te has muerto es porque no te morirás por estos síntomas.

El consejo es que cuando comiencen a llegar te sientes en la silla o la cama, con los brazos abiertos y le dices que hagas lo que tengas que hacer, con una actitud de que cooperas, el cuerpo ligero, los ojos cerrados, y que veas cómo van llegan y haciendo en el cuerpo. De este modo verás cómo se van los síntomas.

Responde al diálogo interno

Cada que te veas a ti mismo, por qué te pasa esto por qué es tu culpa esto, vas a responder la pregunta, te dirás que es porque necesitas aprender porque llevas mucho tiempo descuidado, porque es momento de que evoluciones, lo que sea que te hace mejor.

La recomendación es que hagas lo mismo con cualquier pregunta que llegue a la mente, busca la respuesta, evita dejarla al aire porque cada vez que lo haces te mandas un mensaje de que no hay soluciones, de que es difícil superar esto, de que es imposible.

Descubre el mensaje

La ansiedad no aparece de la nada en ti, es consecuencia de algo, es lo mismo que te trae el mensaje de que necesitas evolucionar en un punto de la vida. El mensaje que sale más o menos es así:

- Mira, te descuidas con algo tú.
- Oye, te crees las mentiras que salen de la mente.
- Pendiente, necesitas recuperar el equilibrio.
- Para, estás yendo muy rápido.
- Estás dejando de hacer lo que te gusta y haciendo lo que no.

Cuando descubras el mensaje y actúes en consecuencia vas a ver que la ansiedad se va a ir más pronto de lo que crees.

No te asustes más

Finalmente es importante que dejes el miedo, la ansiedad se alimenta de ellos, con temores, sin justificación real, son mentiras e inventos de la mente. Si te sigues asustando por vivir esto, si crees que algo te pasa, que puedes perder la razón. Entonces como se dijo antes, te alimentas de ansiedad, haces más grande al monstruo.

Ten en cuenta que al sentir que algo malo pasa o que te vuelves loco es parte de los síntomas de la ansiedad, ninguno de los dos es cierto, no te morirás ni te volverás loco, tienes que tener eso claro.

Disfruta nuevamente

La ansiedad te hace sentir que no puedes disfrutar de las actividades normales, la invitación es que, aunque hay ansiedad en ti, te des permiso para que disfrutes de las actividades y recuperes el deseo de vivir.

Para poderlo hacer la recomendación es que por una semana hagas en cada momento lo que quieras, que pidas semana libre si toca, pero que disfrutes de la compañía, no le rindas cuentas a nadie, conecta con la libertad.

La ansiedad como ya se dijo, no es mala, ni es el peor enemigo, es algo que nace dentro de ti y trae un mensaje que mejora la vida y le da un giro de 180 grados. Si crees conocerte que sabías lo que era ser feliz, prepárate pues si logras aceptar la ansiedad vas a descubrir más en la plenitud.

Además de todo esto dicho, a continuación, vas a ver cómo trabajar la ansiedad con otras condiciones emotivas que llevan a la ansiedad.

Trabaja los pensamientos negativos

Todas las personas tienen o han tenido pensamientos negativos. Cuando se tiene ansiedad es peor todavía. Las personas piensan constantemente en cómo las cosas podrían salir mal, lo mal que están ahora o se sienten en incapacidad para salir adelante.

Los pensamientos te hacen lo que eres, te repites constantemente que no eres bueno para nada, o que todo está mal ahora mismo en ti, si piensas así, todo se hace realidad.

Los pensamientos negativos tienen impacto en la vida, si te repites diariamente que no eres feliz, que no tienes dinero, eso es lo que atraes, junto con todas las emociones que conlleva. Para que vivas pleno tienes que cambiar la perspectiva de las cosas, reprogramar la mente y cambiar los pensamientos.

Cambia la forma en la que piensas, para comenzar a trabajar la mente y cambiar los pensamientos, hacerlos positivos, tienes que ser consciente de los pensamientos que hay que cambiar, entender de dónde viene ese pensamiento y por qué creen en eso.

Cambia los pensamientos negativos, seguramente te has visto pensando lo siguiente:

- No puedo hacer eso.
- No tengo el valor suficiente
- Qué fracasado soy.
- Nunca tendré felicidad.
- Soy viejo.

Si es sí esto, entonces aceptaste los pensamientos negativos y ahora ya es hora de que los cambies.

Identifica y acepta ese pensamiento

Cuando estés pensando en una de las frases mencionadas antes o alguna que sea negativa, acepta que piensas en eso. Te tienes que dar cuenta de que los pensamientos que estás teniendo. Date cuenta de que los pensamientos que tienes son malos y siente orgullo por haberlos visto. Una vez que eres consciente de lo que piensas, sabes que puedes controlarlos y los puedes identificar cuando sea.

Cambia el lenguaje

Ahora que tienes la manera de identificar los pensamientos, deja atrás ese vocabulario con palabras de que no puedes, que no sabes, esos no, no, no. Quita el rastro de las palabras o las oraciones que te hagan pensar en negativo. Las palabras hacen que lo malo influye en la mente, por lo tanto, en cómo reacciones a algunas situaciones. Ve cambiando la manera en la que hablas, usa frases como Sí puedo, sí quiero, acepta esto porque no va a ser fácil, pero que con el tiempo vas a acostumbrarte de manera positiva.

Cambia el pensamiento

Lo más difícil no es que aceptes el pensamiento negativo, que comiences a cambiarlo, cuando no tienes la costumbre a pensar de alguna forma, hacer un cambio te puede costar mucho trabajo. Qué puedes hacer para cambiar el pensamiento, primeramente, te tienes que dar cuenta de la situación que nace del pensamiento. Te preguntas qué hizo para que sucediera de esta manera. Por ejemplo ¿Sientes depresión o tristeza? Te tienes que enfocar en la razón por la que te sientes así que es porque andan pensando en que no puedes hacer bien el trabajo o que no vales lo suficiente. Si el pensamiento era que no puedes hacer eso es complicado. Lo tienes que cambiar de inmediato, decir que sí lo puedes lograr, que tienes los conocimientos para lograr cualquier cosa, pero mientras lo haces tienes que cambiar los pensamientos y verás cómo la mente comienza a funcionar más positiva.

Lo más importante es que confíes en ti mismo, que te des cuenta de que puedes lograr las cosas que te propones. Muchas veces el peor enemigo eres tú. La única manera de cambiar la forma de pensar y ver las cosas.

Repite afirmación positivas

El solo hecho de repetirte todo el día frases como no puedo o soy un fracaso, son suficientes para tener impacto. Te tienes que decir cosas positivas, pero también lo tienes que hacer en el cuerpo. Comienza a repetirte mantras positivos a diario. Hazlo cuando te despiertes, antes de dormir, en el tráfico, en el baño, en todos lados. Algunas de las afirmaciones pueden ser:

- Puedo lograr todo lo que me propongo.
- Esto lo puedo lograr.
- Me acepto como soy.
- Confío en mí y en el poder que tengo.

Da gracias por lo que tienes

Cuando estés en momentos estresantes o ansiosos, cuando sientas tristeza o depresión, lo último que piensas es en agradecer lo que tienes. En ese momento lo único que puedes pensar e en lo infeliz que eres o lo feliz que podrías llegar a ser si tuvieras otras cosas mejores.

Para arrancar y cambiar os pensamientos te tienes que sentir agradecido por eso que posees.

Si tienes un techo para dormir, comida en la nevera, seres queridos, mascotas, un empleo, pareja, etc. Pues debes dar gracias.

Debes hacer una lista de todo lo que tienes para dar gracias, puede ser desde la casa donde vivas, hasta la ropa que te pones, el coche que usas, la cobija para taparte del frío. Debes mencionar todo lo que tienes en mente y enfocarte en lo que sí tienes, olvida que no, recuerda que la felicidad no llegará en la forma de un coche nuevo. La felicidad viene de dentro, de cómo ves la vida con una mente sana, positiva.

Halla la felicidad en el presente

Vivir en el ahora es difícil, pero necesario. Cuando enfocas la felicidad en lo que puede ser el futuro, o lo que está por venir, entonces no disfrutas el presente y siempre piensas en tiempo que podrían ser mejores. Si te enfocas en el pasado, entonces llegan otros pensamientos, la nostalgia, la tristeza.

Pensar en lo que fue diferente y lo que es tu presente, no te trae nada bueno, comienza a enfocarte en el aquí y en el ahora, te darás cuenta que con el paso del tiempo serás más feliz, y también tendrás pensamientos más sanos.

No se dice que será fácil cambiar los pensamientos de negativos a positivos, es más, va a ser difícil lo que tienes que recordar y que valdrá la pena para pensar y ver la vida.

Sustituye lucha por aceptación

Cuando aprendes a aceptar lo que hay, algo en nosotros se deja de resistir y de luchar contra la vida. Esta es una de las vías para irse del sufrimiento en el que a menudo nos enredamos.

Que no sea nuevo el hecho de que la aceptación es condición para que encuentres paz ante aquellas circunstancias de la vida que no podemos controlar, que en realidad son la mayoría de cosas.

Esto parece no ser casual, en estos tiempos se menciona a menudo la palabra aceptación, se publican muchos textos de esto, imágenes, videos con frases que recuerden la actitud vital.

Es como si necesitáramos recordarnos lo que otros hemos despistado por el camino y que en este proceso dejamos relegados con actitudes y valores que van con la vida. La duda que cabe en el desarrollo de la razón nos ha llevado a tener una gestión más efectiva. No podemos controlar todo. Muchas cosas en la vida son misterio, como tal se escapan de la razón y del control.

La capacidad de aceptar lo que no se puede evitar, es de los valores elementales en la cultura japonesa. En la tradición zen se ha permeado en la sociedad nipona dejando un rastro de sabiduría y claves para poder vivir. En estos tiempos nos llegan ecos de sabidurías milenarias.

Las sociedades donde se percibe el fracaso, como lo que no se ha dado como lo planeábamos. No es malo que recordemos que hay muchas cosas más grandes que ese ego pequeño que tenemos. No es mal camino, tampoco el de aprender a aflojar un poco el control sobre los asuntos de la vida, abrirnos a la vez a la confianza. Al final conocemos que el río de la vida termina trazando el cauce que corresponde.

Es sencillo que se confunda aceptación con resignación, cuando la verdad nada tiene que ver una cosa con la otra. La aceptación nos recuerda que se puede aprender a fluir con la vida, a reconocer lo que hay en el ahora. No reconocerlo nos lleva de cabeza a sufrir, porque tras la resistencia a reconocer lo que es, late una exigencia de que las cosas sean diferentes a como son.

Aceptar no es que te vayas de cabeza a resignarse, tampoco es que renuncies a cambiar las cosas, nos podemos acoger a la vida tal como se presenta, a la vez que se emprende la acción que se considere necesaria.

La aceptación nos dice que podemos desaprender la conocida ruta neuronal de que se huya o se luche. Se puede aprender a permanecer en la vida, en vez de tratar de evadirnos, de frustrarnos porque las cosas no son como se deseaban que fueran.

Normalmente, la aceptación en este punto no es que suceda algo de golpe, es más un proceso que va gradualmente. La aceptación es que se afloje y abra a lo que tenemos, es abandonar la lucha, dejar de luchas con las cosas tal como son. Descubrir en nosotros una energía para sanar y transformar lo que se ha hecho consciente.

Desde la aceptación se abren caminos de comprensión profunda, cuando nos entrenamos en aceptar, estamos dando el sí a una vida que no está anclada en el miedo, el resentimiento o la ira.

Enfrenta los miedos

Aprende a enfrentar los miedos, los tienes que ver a la cara para que dejen de molestarte, esto es algo real, pero es solo en teoría. Te quiero contar cómo llevarlos a la práctica.

Todos tenemos algún miedo que evitamos, así como hay facetas en la vida, el que tiene temor de algo, lo que hace es centrarse en las otras, en las que no se siente el temor, así evade el problema y puede que todo esté bien. enfrenta los miedos, es la única forma de eliminar los miedos y dar la cara. Debes verlo a los ojos, es más, lo que te exigen en psicoterapia es esto. El miedo paulatinamente va desapareciendo. Es un hecho comprobado científicamente. El miedo es una emoción desagradable que se puede exacerbar por algunos pensamientos. Por eso, si eres capaz de dominar los pensamientos vas a quebrar los miedos. Un ejemplo, imaginemos que nos centramos en el miedo a hablar en público, tienes miedo a exponer lo que piensas, que lo harás mal, que no se sirve para eso, que se hará el ridículo y notarán el miedo que se siente.

Sin embargo, ¿los pensamientos se basan en la realidad? ¿Qué beneficios aportan? ¿Cuál es la utilidad? ¿Sirve para enfrentar lo que pasas, pensando de esta manera?

Enfrenta los miedos, una persona que ha pasado muchos años padeciendo pensamientos negativos no puede, de la noche a la mañana, el sustituirlos por otros más acordes a la realidad. Sin embargo, lo que sí se puede hacer para comenzar a mejorar, es que se equilibren los pensamientos.

Se tienen que poner los pensamientos positivos en el otro lado de la balanza. De este modo cambiar el No puedo, por cosas más equilibradas y frases positivas como Soy capaz.

Se necesita más práctica para hacerlo como se quiere, confiando en sí mismo pase lo que pase, es un buen momento para poner a prueba los límites. Antes de enfrentar a alguna situación que da miedo, es importante que se prepare la mente con frases relajantes, que den motivos y, sobre todo, hagan que se crea en sí mismo. Cuando se vaya de camino a esto que se temes, hay que modificarse y apoyarse en sí mismo. Puedes repetir los pensamientos positivos como si fueran un mantra.

La visualización es un ejercicio que puede ir bien, la idea es que imagines la situación temida, actuando como se desea. Exagera en positivo las cosas, que todo salga bien e incluso haya diversión.

Crea en la mente una imagen donde seas protagonista y las cosas salgan como quieras. Así la mente tendrá almacenada la experiencia como positiva. Por lo tanto, cuando enfrentes eso, sentirá que no es nuevo, que la experiencia se ha vivido y salió bien.

El mayor miedo es que se tenga miedo por algo desconocido. Algo lleno de incertidumbre y que no se puede controlar. En el momento en el que la imaginación sitúa un suceso como se ha vivido, con la conclusión de que todo sale bien, el miedo se reduce.

¿Qué es lo peor que podría pasar?

No olvides esta pregunta, si la respuesta es nada importante, lo puedes hacer sin problemas. Por ejemplo, si te gusta una persona y te atreves a decirlo, se trata de un miedo fácil de superar porque, aunque salga mal, te quedas tal como estas, no se perderá nada.

Todo el que consigue algo es porque se ha atrevido a tomar la iniciativa para lograrlo. Claro que puedes fallar en el intento, pero eso no resta que puedas hallas lo que quieres en muchas ocasiones. Si te abstienes, te inhibes, te cierras las puertas a ganar.

Otro miedo común es el de hablar en público, no tienes nada que perder, no tienes que hacer drama si te pones nervioso y la voz se quiebra un poco, si te sonrojas si no sabes explicar, no pasa nada, lo intentas hasta que lo logres.

Si crees que las situaciones se salen de las manos, puedes irte por el camino del nerviosismo. En estos casos tienes que decirte cuál es la razón por la que sientes nervios, dite a ti mismo que quieres hacer lo mejor posible.

Si dices esto, vas a notar cómo de inmediato te relajas mucho. Es así porque has expuesto la debilidad, por lo tanto, no tienes por qué esconderla. El mayor grado de nerviosismo se da al tratar de esconder los síntomas.

No importa lo que pase, sigues siendo la misma persona valiosa de siempre. Eres tú mismo el que hace drama de las situaciones, entre más practiques, antes vas a reducir el miedo, pero para ello es necesario que haya valentía y humildad, para que te expongas y aceptes que, aunque no te salga como quieres, a base de seguir practicando, vas a ir mejorando, pero tienes que saber que lo perfecto es enemigo de lo bueno. Enfrenta los miedos. No hay excusas para ello.

Ansiedad fisiológica

A nivel fisiológico, la ansiedad se manifiesta por medio de la activación de distintos sistemas, principalmente el sistema nervioso autónomo y el sistema nervioso motor, aunque también se activan otros, como el sistema nervioso central, el sistema endocrino y el sistema inmunológico.

Estos cambios o alteraciones solo perciben algunos de los cuales tienen etiologías como aumento en la frecuencia cardiaca, respiración agitada, sudoración constante, tensión muscular, temblores musculares, sequedad, problemas para tragar, sensaciones gástricas. A la vez estos cambios acarrean desordenes psicofisiológicos transitorios, dolores de cabeza, problemas para dormir, disfunción eréctil, contracturas musculares, llanto, tensión en la expresión facial, quedarse bloqueado, todo lo que hace que se puedan tener respuestas a la realidad.

Ansiedad patológica

Para poder decidir cuando la ansiedad es sana o patológica, se puede acudir a esto, es sana si sirve para poder solucionar el problema o para evitarlo de manera eficaz y permanente.

Es patológica cuando:

- No soluciona el problema y se hace crónico.
- No se acepta.
- Aparece una situación donde no es adecuado, como amigos, trabajo o pareja.
- Otros cuadros donde hay intensidad.

El problema se dará cuando las emociones no ocurren en situaciones en las que ni la lucha ni la huida son los comportamientos correctos. La falta de aceptación se convierte en un obstáculo para el comportamiento. Estamos dando respuestas de activación incorrectas. El pensamiento se acelera con los músculos tensos, la respiración agitada, la emoción negativa, pero no hay que huir a ella.

Hay que bajar la tensión muscular, regularizar la respiración, apagar el pensamiento y sentir una sensación positiva. Esto no es sencillo, porque para luchar por luchar se tendría que aumentar la tensión muscular, activar el pensamiento y acelerar la respiración.

El ejemplo más claro de cómo se entra en do segundos en el ataque de pánico, aparecen las palpitaciones, los dolores y todos los síntomas antes descritos.

Cuándo acudir al profesional

Cuando no nos podemos adaptar a las situación o presiones que tenemos en el día a día, el estrés se prolonga en el tiempo y comienzan a darse distintos signos físicos y emocionales que nos alertan del alcance del estrés en la salud y el estado de ánimo. Hay que reconocer los síntomas y no asumir que son parte del día a día.

Se te hace difícil respirar

Puedes experimentar una respiración agitada, entrecortada, especialmente cuando te expones a situaciones de estrés. Es importante que reconozcas cuándo cambia la frecuencia de respiración y ver qué lo detona.

Respirar es un acto mecánico del organismo, pero tiene influencia en el estilo de vida, así como una buena respiración tiene efectos en el estado emocional y del cuerpo, por ejemplo, tiene un efecto calmante y ayuda a controlar la ansiedad.

Problemas para dormir

Puede que andes en extremos aquí: te cuesta dormirte o mantenerte dormido; o puedes dormir más horas de las necesarias. La alteración del sueño es algo evidente en el estrés y la ansiedad y es porque el sistema nervioso está alterado.

Presión arterial elevada

El estrés frecuente es un elemento de riesgo para que la presión sanguínea se eleve. Al estar ante situaciones de estrés, el organismo libera sustancias que causan una serie de cambios en el sistema, lo que lleva a un aumento en la frecuencia cardiaca y de la presión arterial.

No se puede olvidar que la hipertensión desencadena situaciones como un ACV, ataques cardiacos o enfermedades renales.

Dolor de cabeza y cuello

Puede que un dolor de cabeza sea recurrente o que la intensidad o duración sea elevada, incluso si se padece migraña y esta empeora con el estrés. Otra de las situaciones es que los músculos se pongan tensos y sientas el cuello o la mandíbula rígidos.

Los problemas digestivos

Por lo general aparecen como una serie de molestias en el sistema digestivo como dolor de estómago, espasmos e incluso gastritis.

Fatiga

Es un cansancio crónico que no se va así descanses muchas horas. Es un tipo de cansancio que desgasta el cuerpo, sientes que no rindes cuando haces las actividades del día a día

La memoria y la concentración es más difícil

Sientes que no puedes concentrarte para atender los asuntos de trabajo, estudio o casa, así como que se hace difícil recordar datos o eventos. Otras situaciones tienen que ver con hacer actos fallidos o sentir que no ves una solución para los problemas.

Ansiedad e irritabilidad

La ansiedad e irritabilidad son cambios emociones característicos que se afrontan ante estrés crónico. La ansiedad ayuda a estar alertas para dar respuesta a las demandas del medio, ante la ansiedad esta n ose va y nos desorientamos para afrontar tareas del día a día.

Por otro lado, el estado de ánimo afecta y puede que se responda con mal carácter a distintos aspectos, especialmente a los que tienen que ver con los otros.

Aumentas el consumo de tabaco o alcohol

El dar respuesta, sea esta intensa, frecuente o duradera a las situaciones estresantes te puede arrastrar a conductas malas para la salud, como fumar o beber más frecuentemente. De este modo eso se constituye en una conducta riesgosa que sumado al estrés se relaciona con la hipertensión arterial.

El peso varía

Puedes notar que en corto tiempo bajas o subes de peso.

La ansiedad te puede llevar a hacer cambios en la dieta y preferir alimentos que sean ricos en grasas nocivas, sal y azúcar, que son comunes en la comida procesada y chatarra.

El consumo frecuente se expone al sobrepeso y por lo tanto al riesgo de desarrollar enfermedades como la diabetes o la hipertensión. El estar atento a los hábitos alimenticios te alertan de que la preferencia por los productos sirve para montar la lucha por manejar la ansiedad.

¿QUÉ HACER ANTE UN ATAQUE DE PÁNICO?

*L*os ataques de pánico son oleadas repentinas e intensas que llenan de miedo, ansiedad o pánico. Llenan de bruma y son síntomas que pueden ser tanto emocionales o físicas.

Muchas personas que tienen ataques de pánico, pueden presentar problemas para respirar, sudan mucho, tiemblan y sienten el latido de los corazones.

Hay personas que llegan a sentir dolores de pecho, desapego a la realidad o de sí misma durante ataques de pánico, lo que hace se piense que tienen un ataque al corazón. Otros dicen que sienten como si hubieran sufrido un ACV.

Los ataques de pánico dan miedo y puede que te golpeen rápidamente. En este capítulo te hablaré de cómo tratar estas afecciones y qué hacer cuando se avecina.

Usa la respiración consciente

Ya hablamos de la hiperventilación como síntoma de ataque de pánico que aumenta el miedo, respirar mucho puede reducir los síntomas de pánico en un ataque. Si controlas la respiración, es menos probable que sientas hiperventilación porque esto puede empeorar otros síntomas incluso el ataque de pánico.

Te tienes que concentrar en inhalar y exhalar por la boca, siente cómo el aire llena el pecho y abdomen, luego expulsa, inhala, cuenta hasta cuatro, mantén el aire un segundo, exhala y cuenta hasta cuatro.

Conoce estas técnicas de respiración consciente para que las apliques en situaciones de ansiedad:

Para centrar la mente y eliminar tensiones

Este es un ejercicio propuesto por Michael Sky es ideal para que comiences las operaciones, logra que la atención se centre en cómo se maneja el oxígeno en el cuerpo:

- Respira suavemente todo lo que te sea posible y con tranquilidad.
- Debes hacer inspiraciones largas, poco profundas por la nariz, para dentro, y fuera mientras visualizas a los pulmones debajo, en una bandeja con cenizas. Solo puedes respirar con cuidado, para que no levante la más mínima corriente de aire ni que produzcas vibraciones sonoras que pueda esparcir esas cenizas.
- Deja que el cuerpo se relaje, imagina que la tensión más leve puede esparcir las cenizas.
- Hazlo hasta que la mente se vaya tranquilizando y se acallen los pensamientos, imagina que la más mínima agitación mental puede diseminar las cenizas.
- Sigue con las respiraciones largas, lentas, que no den agitación, que den paz, mientras los ojos se cierran suavemente.

Respiración para la memoria

Este es un ejercicio para que trabajes cuando olvides algo. Va a venir a la mente como por arte de magia:

- Te llenas de aire y lo retienes.
- Dejas el vientre relajado y que se infle.
- Los hombros pierden tensión y se aflojan.
- Mantienes el aire todo el tiempo posible.
- Lo sueltas lentamente y repites tres veces.
- Si en un momento es difícil, lo sueltas y arrancas de nuevo.

Para relajarse

Comienza así:

- Respira por la nariz y expulsa por la boca.
- Cuando termines la exhalación, haces una pausa y esperas con paciencia hasta que el cuerpo comience la inhalación.
- Cada respiración por medio de la nariz tiene que ser lenta y suave.
- Llega al punto máximo de inhalación, libera el aire por la boca abierta.
- Luego, sin que se cierre la boca y la mandíbula relajada, haz pausas y espera conscientemente hasta que el cuerpo necesite respirar de nuevo.
- Después de unas respiraciones, permite que el tiempo entre las respiraciones sea un espacio para relajarse, para el organismo.
- Respira para una zona concreta del cuerpo, para que te relajes especialmente.
- Respira varias veces.

La clave para esto es entre dos respiraciones es que te mantengas consciente y centrado, si la mente se distrae, se vuelve fácilmente al patrón contraído.

Para controlar el estrés

Este es propuesto por el doctor Andrew Weil, tienes que hacerlo dos veces al día:

- Coloca la punta de la lengua en el paladar, tras los dientes incisivos superiores.
- Inhala por la nariz por cuatro segundos, aguanta la respiración siete segundos.
- Exhala por la boca frunciendo los labios y haciendo ruido como de soplar por ocho segundos.
- Haz cuatro respiraciones

Para oxigenar las células

Es un ejercicio que propone Win Hof para limpiar el cuerpo de dióxido de carbono acumulado para oxigenarlo, especialmente el sistema nervioso. El único inconveniente cuando el organismo no se acostumbra a tanta cantidad de oxígeno es la posible hiperventilación. Si esto se da, basta con volver a respirar normalmente.

Este ejercicio lo puedes hacer al levantarte con el estómago vacío:

- Te sientas cómodo con la espalda recta.
- Inhalas por la nariz, espiras por la boca en ráfagas cortas pero poderosas, como si se inflara un globo.
- Repite 30 veces con los ojos cerrados. Hazlo con cuidado porque podrías sentir un poco de mareo.
- Luego inhala y llena los pulmones sin forzar.
- Deja salir el aire y aguanta lo que puedas sin que te sientas incómodo.
- Luego toma todo el aire de nuevo, siente la expansión del pecho, aguanta la respiración por 10 segundos.
- Con esto termina el ciclo entero por tres veces, comenzando por la tanda de 30 en la que inflas el globo y terminas con la inspiración con retención de 10 segundos.
- Luego para cerrar respiras tranquilamente y en silencio.

Reconoce que estás en un ataque de pánico

Reconoce que pasa que sufres un ataque de pánico, que lo padeces, en vez de un ataque cardiaco, puedes recordar que esto es temporal, que pasará y que estás bien.

Deja el miedo de que mueres o de que se avecina una muerte, ambos son síntomas de ataques de pánico. Esto puede permitir concentrarte en otras técnicas para reducir los síntomas.

Cierra los ojos

Hay algunos ataques de pánico que vienen de factores que se desencadenan y abruman. Si estás en un entorno acelerado con muchos estímulos, esto puede hacer que sufras uno.

Para poder reducir los estímulos tienes que cerrar los ojos mientras tienes el ataque, esto puede bloquear cualquier estímulo adicional y hacer que sea más fácil centrarse en la respiración.

El mindfulness es efectivo

La conciencia plena te puede ayudar a conectar con la realidad que tienes alrededor. Ya que los ataques de pánico pueden causar un sentimiento de desapego o separación de la realidad. El mindfulness sirve para que enfrentes el pánico mientras se acerca o cuando sucede.

Te tienes que concentrar en las sensaciones físicas con las que tienes relación, como el hundir los pies en el suelo o sentir la textura de los jeans en las manos. Las sensaciones específicas te ubican en la realidad y te dan un objetivo en el cual te concentras.

Con todo lo dicho anteriormente y a grandes rasgos, muchos de los tratamientos en los ataques de pánico se dan en exponernos a la sensación y en aprender a hacer frente sin escapar. Por eso es que el mindfulness es una herramienta clave.

Mindfulness es atención plena, es estar aquí y ahora, ayudarnos a practicar la capacidad, ver la experiencia interna, las emociones, los pensamientos, sin juzgar y sin dejar que atrapen mucho la atención. Además, tiene el objetivo de tomar el control de la vida y hacernos todo desagradable con las que nos ataca mentalmente.

Te dejo unas técnicas efectivas para que venzas los ataques de pánico con esa milenaria forma de meditación:

Respiración con conciencia plena

Te tienes que concentrar en la respiración, puede parecer sencillo, pero cuando se está en tensión es una tarea que exige mucho. Respirar es como lanzar el ancla cuando estamos en una tormenta en altamar. Ayuda a no naufragar a pesar de las olas, en los ataques de pánico sirve para que la emoción desatada vuelva al cauce.

Te sirve para concentrarte en la respiración, usa estos trucos:

- Cuenta respiraciones.
- Siente la temperatura del aire cuando entra y sale.
- Siente las cosquillas en la nariz y la garganta cuando el aire se mueve.
- Visualiza el aire de un color, el que quieras, imagina cómo llena el cuerpo.

Ponle forma a la sensación

Para perder el miedo es importante que veas a la cara este ataque de pánico y que lo dejes estar. Es algo que puede ser útil para lograr responder a las preguntas:

- En qué parte tienes la sensación.
- Si la sensación tiene una forma cuál sería.
- Si puedes ponerle color, cuál sería.
- Es una sensación que se mueve o que está quieta.
- Cuál es la temperatura.

Cuando contestas estas preguntas y las visualizas, solo observas, ves la forma, el color, el movimiento, lo dejas estas mientras respiras. Así vas aprendiendo a perder el miedo, consigues no ser esclavo de las sensaciones, dejas de huir de ellas para aceptarlas y pasar.

Imagina que los pensamientos son como nubes que pasan

Normalmente cuando se tiene respuesta a la ansiedad activa, hay un montón de pensamientos que amenazan, como el que me pasará algo, que se sentirá vergüenza, que tengo ansiedad, no podré con esto, es mucho para mí.

No podemos identificar los pensamientos y le damos un valor de realidad que no posee. Identificamos los pensamientos y le llenamos de realidad que no tenemos. La mente es conservadora y nos avisa de amenazas que no son en realidad. Las técnicas de mindfulness nos enseñan a visualizar los pensamientos fuera de nosotros y tratarlos como tal. Imagina esos pensamientos que te dan miedo y escritos en nubes ante ti, pero ellas avanzan en el cielo y se hacen más y más lejanas.

Estás aquí y las nubes allá, separadas, no son lo mismo, eres el que observa, no eres los pensamientos. Tienes que practicar esto a diario, cuando tengas tranquilidad, hará más fácil poder ponerlo en marcha en los momentos de ansiedad. Así permites no tomar en serio los pensamientos y encontrar la dirección a pesar de que estén en la mente.

Estas técnicas se pueden hacer por tu cuenta por si crees que necesitas ayuda o saber cómo explicarlo en un caso concreto, puede ser bueno que contactes a un experto en este tipo de terapias.

Concéntrate en un objeto

Enmarcado en el mindfulness puedes concentrarte en ver un objeto mientras respiras lentamente. Cuando estés en un ataque de pánico, observa el objeto y detalla cada cosa de este. Puede que notes que la manecilla del reloj se sacude cuando hace tic tac, y que tiene una inclinación a la derecha, descríbete a ti mismo los patrones, las formas, los tonos, el tamaño. Toda la energía centrada en esto para que puedas reducir los síntomas de pánico.

Utiliza técnicas de relajación muscular

Las técnicas de relajación son efectivas para que controles un ataque de pánico. No se trata solamente de tranquilidad o de disfrutar. Es un proceso que sirve para que calmes la mente y cuerpo. Ellas te pueden ayudar a lidiar con las tensiones del día a día.

Sea que tengas un ataque de pánico fuera de control o que lo tengas controlado, pero quieres saber más técnicas para relajarse. Pues con estas técnicas puedes sentir alivio donde sea.

El que practiques estas técnicas permite que:

- Reduzcas la frecuencia cardiaca.
- La presión arterial se reduzca.
- La frecuencia respiratoria se hace profunda.
- Mejora la digestión.
- Los niveles de azúcar son normales.
- La actividad de las hormonas del estrés es diferente
- Se reduce la tensión y dolor crónico.
- Mejora la calidad del sueño.
- Se reduce la fatiga.
- La ira y la frustración se calma
- La confianza aumenta.

Vamos a hacer un ejercicio:

Comienza tensionando y relajando distintos músculos, sostienes cada uno por unos 15 segundos, tanto la tensión como la relajación. Aquí te centrarás en cuatro grupos musculares, piernas, brazos, tronco y cabeza.

Comencemos por el rostro:

- Frunce el ceño fuertemente y después lo relajas lentamente.
- Cierra los ojos, aprieta y nota la tensión en los parpados, luego aflojas.

- La mandíbula y los labios los aprietas, las muelas las relajas, dejas la boca entreabierta, separas los dientes y dejas la lengua floja.

El cuello y los hombros:

- Con el cuello bajas la cabeza para el pecho, notas la tensión en la parte posterior, relajas volviendo la cabeza a la posición inicial, la alineas a la columna.
- Los hombros los inclinas ligeramente para adelante, llevando los codos para atrás, notas la tensión en la espalda, destensas retornando la espalda a la posición original y reposas los brazos en las piernas.
- Los brazos y las manos los tienes en reposo en las piernas, aprietas los puños y notas la tensión en los brazos, antebrazos y manos. Para destensar reposas los dedos en las piernas.

En el abdomen:

Tensas los músculos abdominales, metes la barriga y luego relajas.

Para las piernas:

Estiras la pierna y levantas el pie, lo llevas para arriba y los dedos para atrás, notas la tensión en la pierna, muslo, trasero, rodilla, pie y pantorrilla. Relajas lento, vuelves los dedos para adelante y bajas a pierna hasta reposar la planta del pie en el suelo. Haces lo mismo con la otra pierna.

Ahora vas a hacer esto con la mente, tienes que repasar mentalmente todos los grupos musculares y comprobar si están relajados y si es posible relajarlos más.

Te vas a centrar en la consciencia en el estado de calma, puede ser de ayuda que visualices una escena agradable que abarque distintas sensaciones, un buen ejemplo es que visualices tumbado en una playa, que evoques los colores, el sonido de las olas, tacto de la arena, olor al mar, calor, brisa…

Es ideal que hagas esto para que sientas cómo se te va calmando todo alrededor.

Piensa en un sitio hermoso

Imagina ese sitio hermoso donde quisieras estar, el lugar más relajante del mundo. puede ser una playa soleada frente al mar, con olas suaves, tranquilas o una cabaña en las montañas.

Imagina esto y trata de concentrarte en todos los detalles, imagina que metes el pie en la arena suave o que sientes la frescura del bosque o los detalles que sean con el lugar donde estés.

Tiene que ser un lugar tranquilo, relajante, calmado. Que no tenga calles concurridas como las de New York o Hong Kong, debe ser algo muy tranquilo, no tan movido como estas ciudades.

Haz ejercicios suaves

Hacer ejercicio regularmente alivia los cuadros de pánico, lo hace porque:

- Libera endorfinas que generan bienestar, sustancias químicas naturales del cerebro que tienen efecto similares a la marihuana y otras sustancias del cerebro que incrementan la sensación de bienestar.
- La mente se libera de preocupaciones para que puedas salir del ciclo de pensamientos negativos que alimentan la ansiedad.

Además, el hacer ejercicio en forma regular, brinda muchos beneficios psicológicos y emocionales, y te puede ayudar en:

- Que ganes confianza, cumplas metas o desafíos de ejercicio, incluso modestos, puede estimular la confianza en uno mismo. Te pone en forma también y puede hacerte sentir mejor en cuanto al aspecto físico.
- Aumenta la interacción social, el ejercicio y la actividad física que te pueden dar la posibilidad de conocer a otros y socializar. El solo intercambiar una sonrisa amable o saludar a las personas mejora el estado de ánimo.
- Sirve para que sobrelleves los problemas saludablemente, el que hagas cosas positivas para que controles la ansiedad, si intentas sentirte mejor bebiendo alcohol, te vas a obsesionar con cómo te sientes o esperas a que la depresión o la ansiedad se vayan. Los síntomas pueden ser peores.

La única opción es un programa de ejercicio estructurado. Hay investigaciones que demuestran que la actividad física como caminar, no solo los programas de ejercicio formales, pueden ayudar a mejorar el ánimo. Hacer actividad física y ejercicio no son lo mismo, pero ambos te ayudan con los cuadros de pánico.

La actividad física en cualquier actividad, sirve para que trabajes los músculos y exige energía, como el trabajo, las tareas del hogar o las actividades recreativas.

El ejercicio es un movimiento corporal planificado, estructurado, repetitivo que sirve para mejorar el estado físico.

Seguramente cuando escuchas la palabra ejercicio piensas en ir al gimnasio, pero el ejercicio tiene muchas actividades incluidas que sirven para que te sientas mejor.

Actividades como correr, hacer pesas, jugar básquet, y otros ejercicios hacen que el corazón bombee más y puede ser algo útil. Pero también que hagas tareas de jardinería, lavar el auto, dar una vuelta a la manzana, hacer actividades menos intensas. Todo esto que levante de la silla y haga que te muevas para mejorar el estado de ánimo.

No es necesario que hagas todo esto a la vez, piensa en el ejercicio de otro modo y busca maneras de agregar cantidades pequeñas de actividades en el día. Por ejemplo, usa escaleras en vez de ascensor, estaciona un poco más lejos del trabajo para que camines, si vives cerca del trabajo, puedes ir en bici.

Cuánto es suficiente en estos casos, pues que por lo menos hagas media hora al día entre tres y cinco veces a la semana, ayuda a que mejores los síntomas de depresión o de ansiedad. Sin embargo, las sesiones breves de actividad física, entre diez y quince minutos cada una, ya marcan una diferencia, si haces actividades intensas como correr o ir en bicicleta.

Los beneficios de hacer deporte perdurarán solo si os mantienes a largo plazo, este es otro de los motivos por el cual debes buscar tareas que disfrutes.

Ten a la mano lavanda

La lavanda es famosa por calmar y aliviar el estrés, entonces puede ayudar a que el cuerpo se relaje. Si sabes que eres propenso a los ataques de pánico, ten a mano aceite esencial de lavanda para que atiendas los ataques de pánico. Te puedes poner un poco en os antebrazos e inhala el olor.

Puedes intentar tomar té de lavanda o manzanilla, porque ambos relajan y calman.

La lavanda no la combines con benzodiacepinas porque te puede causar somnolencia intensa y puede ser peligroso

Repite un mantra dentro de tu mente

Debes repetir un mantra internamente que puede ser relajante y tranquilizador, puede brindarte algo a lo cual aferrarte durante un ataque de pánico. Di que esto también va a pasar, o puedes tener un mantra personal y solo tuyo. Repítelo en bucle mental hasta que sientas que el ataque de pánico comience a disminuir.

Toma benzodiacepinas

Los medicamentos que tienen benzodiacepinas pueden ayudarte a tatar los ataques de pánico si tomas uno apenas sientas que se acerca un cuadro de pánico.

Si bien suele dar preferencia a otros enfoques en el tratamiento, el campo de la psiquiatría ha reconocido que hay un puñado de personas que no responden totalmente los otros enfoques enumerados anteriormente y como tal, depende de los enfoques farmacológicos de terapia.

En este abordaje se incluyen benzodiacepinas, alguna de las cuales tienen aprobación de la FDA para el tratamiento de la afección, como el Alprazolam.

Dado que las benzodiacepinas son un medicamento recetado, seguramente necesitas diagnóstico de trastorno de pánico para que tengas el medicamento a la mano.

Aunque cuidado, este medicamento puede ser adictivo y el cuerpo se puede adaptar a este con el tiempo y te lo pedirá para calmarse, si no, estará peor. Te harás adicto.

¿Cómo ayudar a alguien en una crisis de pánico?

Si ves que una persona está pasando con una presunta crisis de pánico, lo primero que debes hacer es mantener la calma. Tienes que entender que la persona que lo está sufriendo siente un miedo inmenso, por lo que es importante que le transmitas tranquilidad y le hagas entender que no está solo en esto.

Es recomendable que sigas estos pasos:

- Respiración: cuando la persona sufre una crisis tiende a respirar más profundo o rápido de los normal, esto hace que se sienta una hiperventilación que aumenta la sensación de pánico. En estos casos se le tiene que pedir que se concentre en hacer que la respiración sea menos superficial, y que se concentre en ella para que la haga más consciente.
- Le debes preguntar sobre lo que pasa: es clave que sepas si la persona que lo sufre ha tenido antes un estado similar, debido a que los síntomas coinciden con los de otras enfermedades, como del corazón o metabólicas que son las más frecuentes. Si la persona te indica que es la primera vez que se siente así, evalúa acudir a un servicio de urgencia para que un especialista descarte otros problemas de salud.
- Ve a un lugar seguro, ante cuadros ansiosos lo mejor es que busques lugares que no tengan ruidos estridentes, con mucho público y te quedes allí hasta que pase la crisis. No uses frases como que no pasa nada, o tranquilízate, porque la persona en este estado se encuentra vulnerable y presionarla para que se calme puede ser negativo.
- No seas invasivo, si bien es importante que la persona se sienta acompañada, no busques sostenerla o abrazarla. Tienes que evitar movimientos bruscos o repentinos, porque puede llevar a reacciones adversas. Pregunta a la persona si la puedes tocar o tomar del brazo para alentarla.
- Cambia el foco, en algunos casos una alternativa es que dirijas la atención de la persona a algún elemento que esté alrededor, que le ayude a concentrarse en otra cosa y no en los síntomas, ni el miedo que pueda sentir.
- Deja la frustración, los que sufren de estos episodios pocas veces alcanzan a ver claramente qué es lo que sienten o qué es lo que pasa, la sensación de miedo es tan repentina e irracional que el que la experimenta se sorprende tanto como tú.
- Pregunta si se tomó los medicamentos, en caso de que lo haga,

hay pacientes que tienen tratamientos psiquiátricos, estos cuadros pueden aparecer cuando olvidan los medicamentos, por eso es clave que preguntes su la persona afectada ha vivido esto antes, si toma medicamentos si tiene algún remedio que tenga que tomar.

- No obligues a que coma, muchas veces la sensación de nauseas hace que no se quiera ver ni un bocado. Puedes darle un poco de agua, un sorbo pequeño, o pregunta cómo le puedes ayudar a calmar la crisis.

LOS MIEDOS Y FOBIAS QUE LLEVAN A LA ANSIEDAD Y LOS ATAQUES DE PÁNICO

*C*uando se sufre de ataques de pánico, estos pueden detonar por varias partes, tenemos que identificar cuál y ver cómo podemos trabajar cada una de ellas.

En este capítulo se abordarán los distintos miedos y fobias y ver cómo se pueden aliviar y hasta sanar definitivamente.

El miedo al coche

Tener ansiedad a conducir puede afectar a uno de cada cuatro conductores, se puede ver más en mujeres que en hombres. Según un estudio hecho por la Fundación CEA lo padecen un 55% de mujeres y un 45% de los hombres.

Puede ser normal sentir nervios al ponerse tras el volante, tanto al inicio como cuando se está entrenando. Sin embargo, cuando el miedo es intenso, irracional y persistente, llegando incluso a causa pánico, estamos hablando de algo que se llama amaxofobia.

Esta se produce cuando los niveles de ansiedad que detonan por diversas razones personales y externas, hacen que, como conductor de un coche, se sienta que se supera la respuesta normal y nos bloquea-mos, teniendo incapacidad para iniciar o mantener la conducción.

El miedo es una de las emociones básicas que nos ayuda a detectar y afrontar situaciones luego de haberlas reconocido como peligrosas. Nos lleva a actuar, huir o luchar porque son peligros inminentes, reales o imaginarios. En cambio, con la amaxofobia se tiene un miedo intenso, irracional y persistente que sufren algunas personas cuando conducen o piensan en hacerlo y normalmente no guardan proporción con el peligro detectado.

La persona que sufre miedo al conducir, sobrestima el peligro y subes-tima sus capacidades para hacerle frente. La fobia lo limita, condiciona y anula, porque provoca una sensación de pánico y descontrol intensa, más intensa que el objetivo como tal.

Síntomas

En los síntomas que pueden sufrir las personas que tienen miedo a conducir, pueden mostrarse los mareos, las taquicardias, las ganas de llorar, gritar, el agarrotamiento muscular, la ansiedad, el pánico y la depresión.

Están los:

- Síntomas cognitivos: que es preocupación, inseguridad, temor, aprensión, anticipación a un posible peligro, pensamientos negativos, problemas para concentrarse y tomar decisiones.
- Síntomas observables, como nervios, movimientos torpes, desorganizados y evitar conducir.
- Síntomas fisiológicos, como pulso acelerado, sensación de ahogo, sofocos, molestias estomacales, opresión en el pecho, tensión muscular, cansancio, sudoración, mareos.

Las causas de esto son variadas, todo depende del tipo de conductor:

- Los que no tienen aprendizaje suficiente en una autoescuela, no solo es que se pase el examen, el alumno tiene que haber ensayado gran variedad de situaciones, tiene que ser un conductor seguro que sepa afrontar las circunstancias que se encuentre, puede que no tenga experiencia al volante, pero que tenga carné. Eso genera ansiedad, el no saber mucho.
- Que son inseguros, con poca autoestima, una persona así se infravalora en comparación con los otros o es más sensible a críticas de personas cercanas. A veces es el propio miedo a conducir el que merma la autoestima de un conductor que siente que no puede hacer frente al miedo.
- Cuando es una personalidad perfeccionista hay personas que quieren conducir tan perfecto y correcto que no se dan permiso para un error.
- Personas que por la edad sienten que merman las facultades psicofísicas para conducir, sea por la edad o el consumo de sustancias como alcohol, medicamentos o drogas.
- Que tienen propensión a padecer ansiedad o estrés, esto puede afectar a personas cuando suben al auto, tienen niveles de estrés arriba de lo normal en el día a día y hace que sufran ataques de pánico cuando conducen.
- Pensamientos negativos sobre la circulación, los demás conductores o sobre sí mismos, cuando creen que no sabrán reaccionar.
- Que han sufrido accidentes de tráfico, presencian o conocen de cerca el accidente y puede llevar a sufrir amaxofobia, aunque no es vinculante, dependiendo de las consecuencias del siniestro y la interpretación que haga la persona, logrará volver a conducir normalmente.

Hay más causas a esta lista, como el de circular por puntos negros, ciudades con itinerarios que no se conocen, quedarse aislado en escenarios determinados, como el de accidentarse sin tener ayuda de nadie.

El miedo a estar embarazada y de que la madre o padre futuro sufran un accidente y mueran y a ver cuál será la suerte de ese pequeño.

Esto es algo que lo sufren más las mujeres, se tiene a manifestar en un 65 por ciento en mujeres entre los 40 y 59 años. los hombres lo padecen más tarde, casi la mitad cuando tienen más de sesenta años. la razón de esto puede ser que el hombre tiene más reparo en reconocer estos peligros.

El porcentaje de personas que han dejado de conducir representa un 21% según encuesta de la Fundación CEA, pero la diferencia a nivel de género es amplia, las personas que han dejado de hacerlo son mujeres, un 18%.

El hecho de que no se sea capaz de conducir por miedo es algo que condiciona, pero tiene maneras de tratarlo, ve a continuación cómo enfrentar el miedo al coche:

Mente sana y cuerpo sano

El cuerpo y la mente tienen que tener sintonía y paz, si dominas el cuerpo, relajas la mente. Tienes que aprender a relajarte, vas a decir que, para decirse aquí, pues es fácil, pues sí, puedes aprender a controlar las emociones por medio de técnicas de relajación como vamos viendo hasta ahora y cómo veremos más adelante. Tienes que emplear el tiempo, cada uno tiene su duración, pero lo lograrás si eres persistente.

Cambia el punto de vista que tienes sobre la conducción

Tienes que saber qué es lo que te hace pensar que conducir es una amenaza. Cuando lo detectas para empezar a disfrutar del coche y la conducción tienes que asociar los desplazamientos a sensaciones positivas. Por ejemplo, la autonomía, los viajes, paisajes relajantes, independencia…

Trabaja la confianza en ti mismo

Comienza a pensar en que lograrás conducir sin miedo. Hacer ejercicios de autoconfianza que te sirvan para que mejores la percepción que tienes de ti mismo, el desarrollo personal te sirve para la conducción en todas las áreas de tu vida. Tienes que dar el paso, recuperar la autonomía y retarte a ti mismo, comienza a conducir o apúntate a una autoescuela que te brinde cursos especializado para perder el miedo al volante.

Conduce poco a poco

Cuando veas que vas sintiéndote mejor, tanto mental como físicamente, anímate a tomar el coche en espacios cerrados, por poco tiempo, mientras vas viendo que va mejor, aumentas el tiempo. Ve con alguien en quien confíes y te dé tranquilidad.

El consejo es que hagas el ejercicio con un profesional de autoescuela, porque la relación es más profesional y te va a inspirar más confianza. Puedes leer comentarios de alumnos en distintas escuelas para que tomes confianza.

Ahora, si decides confiar en una persona cercana, aléjate de las personas nerviosas, porque solo harán que te sientas peor cuando te gritan porque te equivocaste aprendiendo. Recuerda que tienes que superar el trauma, no que tengas más.

Ejercicios que necesitas

En algunos casos de miedo a conducir, no es suficiente que comiences en polígonos, porque ante la posibilidad de ver otros coches aparece el pánico. La idea es que trabajes con calma hasta recuperar la confianza.

Conduce solo

Llega el momento en el que tienes independencia total, tienes que tener la seguridad de que tienes los recursos para controlar los sudores fríos, en caso de que vuelvan y para reaccionar ante distintas situaciones que supongan un peligro mientras manejar. Tienes una gran cantidad de conocimientos para saber cómo actuar según el escenario. Cada día ensaya un poco más.

Lo ideal es que practiques, la experiencia es un grado

Cuando practicas te vas volviendo mejor y ganas seguridad en ti mismo, puedes hacerlo con clases a medida en una autoescuela, si aún no te ves conduciendo solo

Miedo a esas situaciones ineludibles

Nos pasamos la vida ansiosos por lo que pueda pasar y cuando tenemos compromisos que no podemos evitar, nos ponemos peor. Esto es porque tenemos mucho estrés por el futuro. Nos da miedo que nos pueda dejar la pareja, que vamos al dentista, que se aproxima un parto propio o de la parea. Es horrible y perdemos la estabilidad. Hay que aprender a sortear lo inevitable.

El 95% de los pensamientos lo dedicamos a cosas que no pasan, vivimos en el "y sí" constante que nos da miedo, angustia, tristeza y ansiedad.

Esos:

- ¿Y si me equivoco?
- ¿Y si al ir me dicen algo malo?
- ¿Y si el cliente se enoja y me echa sin pagarme?
- ¿Y si no nace?
- ¿Y si no me dan el trabajo?

Es una lista infinita, de acuerdo a cada persona.

Es curioso que sufrimos mucho más por lo que pensamos que nos pasará que por lo que pasa de verdad.

Pocas veces hemos estamos presentes en el momento, consciente de lo que pasa, pocas, es algo que tenemos que tener presente, dejar de pensar en que ya pasó, en lo que pasará o en lo que pasa. Deja de dar vueltas a las cosas, cuando vives en el futuro planificas lo que va supuestamente a pasar. Eso es vivir atado, la vida no se planifica, se vive y ya.

El futuro duele, todos nos vamos en algún momento al futuro, a imaginar, a planificar, predecir, es verdad que muchas veces para ser positivo y necesario, se permite un rumbo, trazar un camino para saber a dónde ir.

El problema es cuando nos ponemos a rumiar e imaginar lo peor, cuando nos adelantamos a lo malo, cuando no tengamos la más mínima prueba de ello o cuando vivimos asustados a perder lo que tenemos.

Es cuando nos preocupamos por lo que no pasará. Sí hay situaciones que no se pueden evitar, pero si le sumamos pensamientos negativos, todo será peor

Pensamos en que esa conversación que nos pidió la pareja es para dejarnos y no para que hablemos y comencemos a trabajar juntos en solucionar. Cualquier cosa es posible cuando nos vamos del ahora y dejamos que la imaginación vuele.

Hay quienes por la creencia errónea de que es mejor adelantarse a lo que sucederá para que después te atrapen desprevenido. Te montas esa mente de que pasará algo malo, que eres capaz de imaginarlo así, pase lo que pase, y no te llevas el golpe.

Esta es una manera absurda de afrontar lo inevitable, vives angustiado, pensando en el futuro, lo atraes, otros imaginan en negativo, predicen lo peor porque una vez les pasó algo parecido. Muchos lo hacen por la necesidad de controlar las vidas y el futuro, basados en las inseguridades, sin comprender que el control es aburrido y que el futuro es de las pocas cosas que pueden controlarse.

A otros no les gusta la incertidumbre, ni las sorpresas ni el no saber lo que pasará. Prefieren anclarse en un trabajo seguro, en una pareja estable. Así no sean felices, no se arriesgan a lo que pueda darles una garantía.

A la larga todo se resume en que nos gusta lo incómodo, para muchos la incertidumbre es una zona de confort.

¿Tú querías una vida hecha de antemano?, donde cualquiera te diera un escrito, que te dijera que eso es todo lo que te pasará de aquí hasta que te mueres. Seguramente no lo quieres.

De elegir quisieras algo que te dé garantías de que todo marchará bien, que no sufrirás, que te pasarán cosas buenas, pero es que eso no es posible. Nadie te lo garantiza.

No puedes controlar nada, ni adivinar lo que te va a pasar porque la vida no es predecible. No es que en la vida vaya a haber momentos de incertidumbre, la vida completa lo es, para todos, no solo para ti. Ni siquiera los multimillonarios escapan a ello. No se pueden comprar bolas de cristal para ver el futuro. Nadie sabe qué pasará al otro día, nadie lo asegura.

Estamos preparados para vivir con incertidumbre, es algo que tenemos que aceptar. Es más, la incertidumbre es una de las mejores cosas que podemos tener. Porque es que desde que te paras hasta irte a la cama puede pasar de todo, es maravilloso, un lienzo blanco que tienes para colorear en el día

Dado que no sabes lo que pasará, tienes la libertad de que pase lo que quieras, de que trabajes en colaborar con el futuro y abrirte a nuevas experiencias. Como no sabes lo que pasará, tienes la libertad de que pase lo que quieras, encontrar un empleo, una pareja que te haga feliz.

Cuando aceptas la incertidumbre puedes crecer, solo desde allí desde no saber lo que viene, avanzas, por eso es necesario que aceptes las dudas y las inseguridades, porque son parte del camino.

Además de que te adelantas al futuro, luego, caso nunca pasa eso que tanto temías, si pasa no tiene nada que ver con lo imaginado. Por más que quieras tenerlo todo atado, igual caminas y te cae un ladrillo en la cabeza. No puedes controlar algunas cosas, así que deja de insistir en ello.

Entonces, como puedes ver, uno de los mejores regalos que te puedes entregar es que aceptes la incertidumbre, no te imaginas lo liberador que es esto, el quitar esa carga que ha llegado para ponerte en un presente que de otro modo estarías perdiendo.

Ten en cuenta estas claves para que lo logres:

Detente

Cuando comiences a pensar en el futuro para y mira lo que sucede, sé consciente de la película que te montas. Reflexiona sobre cuáles son los hechos que hay eso de lo que tienes pruebas, cuáles son las interpretaciones y el producto de la imaginación. Qué pruebas tienes de eso que piensas puedes garantizar que vaya a pasar eso. Ve si tienes probabilidad de que no suceda, es decir, diferencia los pensamientos de la realidad, obviamente la realidad es solo o que ha pasado hasta ahora, lo demás no es real.

No pienses que está en tu mano evitar que las cosas marchen mal

No, no siempre tienes en las manos esto, hay fracasos que no se pueden prever y desgracias que no se evitan, así que relájate.

Suelta esa necesidad de controlar, te prometo que cuando no fuerces y dejes las cosas que sucedan así, vas a sentir una liberación y un bienestar que alucinarás. No hagas como esas personas que viven a prisa y ansiedad queriendo que las cosas pasen y ya. Lo único que logran es que marquen un rumbo supuesto y un cambio. Mucho de lo que sucede ni lo habías previsto, así que relajado.

Tienes que ser optimista

Espera las cosas buenas de la vida, porque eso hará que te muevas y actúes esforzado. En cambio, cuando las esperas malas no haces nada, porque piensas que no tienes nada por hacer.

Confía en que sabrás que superarás los obstáculos

Esfuérzate en mejorar cómo persona y en desarrollar las fortalezas y la inteligencia emocional. Asume que todo tiene un riesgo y que sí, que a lo mejor sale mal. Asume que todo tiene riesgos y que sí, que a lo mejor es terrible, pero qué es lo peor que puede pasar.

Confía en la capacidad para superarte y la resiliencia y que vas a poder responder a lo que suceda, porque la vida no va de que no te pase lo que temes, sino que te prepares y tengas recursos que permitan salir adelante si eso pasa.

Disfruta del camino y ajusta en la marcha.

Toma decisiones basadas en lo que sabes y sientes ahora

No puedes hacerlo pensando en lo que pueda pasar mañana, porque eso no lo sabes. Además, incluso aunque alguien pueda decirte cuál es la mejor opción, nadie te puede garantizar que no haya imprevistos y que esa opción deje de serlo, así que, de nuevo relaja y confía.

Ten flexibilidad y adáptate a los imprevistos

Tienes que aceptarlos como vienen, acepta que las cosas pueden salir mal o de otro modo, céntrate en saber responder lo mejor posible.

Esto es algo que ayuda a que avances mucho. A veces cuando no sale como se espera aparece la frustración, la rabia. Pero hay que aprender a dejarlo estar, aceptarlo y adaptarse para responder de la mejor manera.

Cree en ti

Solo te sale bien lo que hagas creyendo en ti y en lo que conseguirás, es algo que te servirá mucho más que tener una bola de cristal, eso te lo prometo.

Permite que aparezca la intuición

Todos tenemos la sabiduría dentro, ese sexto sentido que llamamos intuición, el problema es que en muchas ocasiones la tenemos enterrada en los temores y las inseguridades que no le damos un espacio.

Si ves que eso es lo que te pasa, prueba a abrirte a la vida en vez de agarrarte a ella, verás cómo surge la magia.

Olvida lo que pasó

Deja de mirar atrás y de pensar en eso que ocurrió te puede pasar de nuevo. Porque tienes las misma posibilidades de que si no hubiera pasado nunca.

Igual que con los miedos que se basan en las experiencias ajenas, cada uno tiene que aprender lo suyo y dejar a los otros que aprendan sus experiencias.

Conecta con el ahora

La mejor forma de dejar de estar en el futuro y en el pasado es que vivas el ahora. Así que disfruta el hoy, haz cosas que te hagan sentir bien que te gusten y cultiva la calma interior.

Te debes ocupar de lo que depende de ti

Si estás esperando un resultado médico, no hay nada que puedas hacer. El resultado no va a depender de ti, así que lo dejas estar. Si es algo que tienes capacidad de acción, como el reconquistar a la pareja, hacer las paces con la pareja o encontrar un empleo mejor, actúa, así de sencillo.

Las prioridades deben estar claras

Tienes que saber cuáles son las prioridades, qué es eso importante para ti.

Sea lo que sea comienza a prestarle atención en el ahora. No permita que, angustiado por el mañana, dejes de darle valor a lo que hay hoy.

Conecta con el ahora

Debes darte cuenta de que ahora mismo estás a salvo, de que ahora no pasa eso que temes. Que no pasa nada, comprende que lo que tienes hoy es el único que es 100% seguro. Lo demás lo dejas hasta que llegue.

Controla el futuro desde el presente

Desde la calma de lo que sabes hoy. Traza el camino para que llegues al futuro que quieres. Por ejemplo, si tienes miedo de que la pareja te deje porque no paran de pelear últimamente. Entonces es momento de que mejoren la relación.

Es verdad que el futuro es para que traces metas y te vayas para ellas motivado, pero siempre recordando que toda posibilidad de actuación está en el ahora. Que las opciones para la felicidad es ser quién eres y las tienes ahora mismo en las manos.

¿Cuál es el mayor miedo? Analiza y trabaja en él.

Miedo a quedar atrapado

Comencemos por algo que se llama cleitrofobia, es el temor a quedarte atrapado, encerrado o ser incapaz de salir de un lugar. Es una fobia relacionada con la claustrofobia, incluso se pueden sufrir en conjunto.

La diferencia entre las dos es que claustrofobia es miedo a espacio reducidos, a estar confinado en espacios donde no puedes escapar.

Una persona cleitrofóbica podría entrar en una habitación pequeña sin ventanas y sentirse normal. Solo sabiendo que no está cerrada con llave y puede salir cuando lo desee.

Causas

Igual como es con la mayoría de las fobias, la causa principal de esta es que sufre una experiencia traumática a lo largo de la infancia, relacionada con quedarse atrapado en espacios cerrados, como en un armario, un maletero de un coche, un túnel o ascensor.

Síntomas

El síntoma principal es que se experimenten sentimientos de temor al encierro, simplemente pensar en estar atrapado como en la mayoría de las fobias, la cleitrofobia puede causar respuesta de pánico. Los síntomas físicos incluyen nauseas, respiración entrecortada, aumento en la frecuencia cardiaca, mareos y sudor. Puede causar llanto, ira, agresividad e incluso deseos de escapar.

Dentro de los síntomas destaca el evitar esas situaciones donde podrían estar atrapados, incluso esto es tan fuerte que les afecta en el día a día.

Las personas con esta conducta activan el miedo cuando están cerca del posible encierro, o buscan de inmediato salidas.

El tratamiento

El tratamiento para la cleitrofobia es similar a las demás fobias. Si es intenso se trabaja con la terapia cognitivo conductual que se puede usar para ajustar patrones de pensamiento asociados con el miedo y con quedarse encerrado.

El objetivo es que se modifiquen los pensamientos que hacen que sientas esa sensación en lugares cerrados como peligrosos y cambiar las conductas de este tipo.

Normalmente el tratamiento tiene exposición gradual progresiva. El paciente se expone al miedo mientras usa las técnicas de reducción de ansiedad como ejercicios de respiración o relajación muscular progresiva.

Uno de los ejemplos puede ser:

- Imagina que vas acercándote a un lugar cerrado por unos segundos.
- Una vez que lo dominas, imagina que vas acercándote a un lugar cerrado.
- Al sentir seguridad, imagina que estás al lado de la puerta, justo antes de quedarte encerrado.
- Imagina que te quedas atrapado en la habitación.

Cuando te sientes seguro ante las situaciones anteriores es el momento de hacer los pasos similares reales o de comenzar a tratar la fobia en el entorno social.

Ahora veamos la claustrofobia:

Este es el miedo intenso e irracional a los lugares cerrados, un trastorno de ansiedad que puede causar ataques de pánico. La palabra claustrofobia proviene de claustrum, que en latín se traduce como cerrado, y de fobos que en griego significa miedo, temor irracional.

Datos rápidos sobre la claustrofobia:

- Las situaciones que ponen en marcha la fobia es estar en sitios cerrados como un ascensor, una habitación sin ventanas y pequeña, túneles, incluso aviones.
- En los síntomas está el miedo, la evitación y la ansiedad.
- Las causas pueden ser factores de la genética o aprendidos.
- El tratamiento psicológico e incluso algunos consejos pueden ayudar a las personas a superar el miedo.

En los tipos de claustrofobia tenemos que a pesar de la definición ella tiene más que el simple miedo a los sitios cerrados.

Están:

- El miedo a los sitios cerrados o reducidos.
- El temor a no poder escapar.
- Miedo a ahogarse.

Una persona claustrofóbica puede experimentar varios tipos o uno de estos tres puede dominar sobre los otros.

Por ejemplo, se puede acentuar el miedo a asfixiarse o el miedo a estar limitado de moverse.

Causas

Aunque hay predisposición genética a padecer claustrofobia, en gran parte de los casos, las causas implican uno o varios eventos traumáticos de la infancia, por eso las personas asocian lugares reducidos a pánico y ansiedad.

Entre los factores genéticos, psicológicos y externos que pueden causarla, están:

- Traumas
- Conductas aprendidas.
- Percepción del espacio cercano.
- Herencia genética.
- El tamaño de la amígdala.

La claustrofobia puede ser causada por diversos motivos, pero más que buscarle causas, es bueno identificar los procesos mentales que se implican y las reacciones automáticas de la mente ante los espacios cerrados.

Síntomas

Cuando una persona entra en un espacio cerrado ya anticipa lo que sentirá, le da ansiedad, pánico, se le acelera el ritmo cardiaco o sensación de que le falta aire, lo que le lleva a que evite estos lugares.

- Mucho miedo y ansiedad en sitios limitados o cerrados.
- El corazón se acelera
- Náuseas y mareos.
- Hiperventila.
- Sensación de que falta el aire.
- Temblores.
- Escalofríos y sudoración.
- Sequedad bucal.
- Mariposas en el estómago.
- Miedo a desvanecerse.
- Opresión en el pecho.
- Dolores de cabeza y aturdimiento
- Ataques de pánico o ansiedad.
- Temor a hacer el ridículo.

Hay que destacar que para que se pueda hacer diagnóstico, se tienen que padecer la mayoría de los síntomas en un espacio cerrado.

Comportamientos de las personas claustrofóbicas

- Comprueban los espacios, las salidas al entrar en una habitación y tratar de mantenerse siempre junto a ellas.
- Ansiedad cuando las puertas las cierran.
- Evitar conducir o usar transportes cundo es probable que haya tráfico.
- Usar escaleras en vez del ascensor, incluso en casos donde duele el cuerpo.
- Evitan estar en lugares donde se restrinja el movimiento, como hacer colas o subir a un avión.
- Cuando viajan procuran que les den planta baja o sitios poco elevados.

El solo hecho de pensar en un espacio cerrado o verlo así sea en la TV les causa ansiedad.

Un ejemplo de esto se puede ver en el film "Enterrado" donde Ryan Reynolds pasa 90 minutos de película metido en un ataúd.

Se cree que por lo menos el 5% de la población sufre de esta fobia. A pesar de que los síntomas pueden ser graves, la mayoría de las personas no buscan tratamiento para ella, pero lo deben hacer si quieren superar la ansiedad.

Tratamiento

La claustrofobia se puede tratar y curar si hay exposición gradual al miedo, es lo que se conoce como terapia de exposición.

La terapia se puede hacer con realidad virtual o incluir aprendizaje de técnicas de relajación, modificación de patrones de pensamiento y en casos graves puede tener tratamiento farmacológico.

Luego de diagnosticar la claustrofobia, un psicólogo le puede recomendar algunos de estos tratamientos:

- Exposición progresiva.
- Realidad virtual que tenga entornos cerrados.
- Técnicas de relajación.
- Tratamiento psicológico de claustrofobia.
- Medicamentos.

Ten presente estas estrategias:

- Te mantienes en el lugar si se da un ataque, si conduces puedes detenerte a un lado de la carretera y esperar a que te calmes.
- Recuérdate que los pensamientos y sentimientos de terror se van. Déjalos pasar e irse.
- Busca centrarte en otra cosa, como una baldosa del suelo o sigue hablando con otra persona.
- Respira lentamente, contando hasta tres en cada respiración.
- Reta al miedo recordando que la amenaza no es real.
- Visualiza los buenos resultados.

Miedo a hablar en público

El miedo a hablar en público es una forma de ansiedad frecuente. Puede variar desde algo leve hasta un pánico que paralice. Muchas personas evitan situaciones con las que tienen que hablar ante muchos, o si lo hacen sufren antes y durante. Se les ve con las manos temblorosas, la voz quebrada. Pero ten presente que si te preparas y eres persistente puedes superar este miedo.

Estos son algunos pasos para que pongas en marcha:

Conoce bien el tema

Entre más entiendas del tema que vas a hablar mejor, porque vas a tener menos posibilidades de que cometas errores o pierdas el hilo, si lo pierdes, podrás recuperarte ahí mismo. Tómate tiempo para que consideres preguntas que te puedan hacer y prepara las respuestas.

Ten organización

Sé anticipado, planifica todo con la información que quieres mostrar. Incluso cualquier aparato o audio que vayas a usar, entre más organizado estés menos nervios tendrás. Ten un resumen en una tarjeta pequeña para que lleves el hilo. Si es posible, ve antes al sitio y revisa que todo esté bien. Así vas seguro.

Practica todo lo que puedas

Debes practicar la presentación varias veces, incluso lo puedes hacer ante el espejo. Haz presentación ante personas en las que confíes, le pides comentarios. Puede ser útil que lo hagas con pocos para que puedas verlo y mejorar antes del día D.

Enfrenta las preocupaciones

Esas preocupaciones puntuales que tengas, cuando tienes miedo de algo, puedes sobreestimar la probabilidad de que sucedan cosas malas. Haz una lista de las preocupaciones que tengas. Luego las puedes cuestionar para identificar los resultados probables y alternativos. Verifica si hay evidencia que respalde esto o la posibilidad de que los resultados que tanto miedo te dan, se den.

Visualiza el éxito

Imagina que la presentación sale bien, los pensamientos positivos ayudan a reducir parte de la negatividad sobre el desempeño social y alivian la ansiedad.

Respira

Esto hazlo profundamente. Te va a relajar mucho, inhala lento, dos o más veces antes de subir a hablar y durante el discurso.

Te debes concentrar en el material, no en el público

Las personas tienen que prestar atención a la información nueva no a la forma en la que se presenta, a lo mejor ni cuenta de darán del nerviosismo. Si las personas del público te ven así, puede que te alienten y deseen que todo salga lo mejor posible.

No temas los momentos de silencio

Si pierdes la línea de lo que dices o comienzas a sentir nervios y la mente se pone en blanco, a lo mejor sientes que estuviste mucho en silencio o que fue una eternidad. La verdad seguramente fue segundos, si fue más tiempo, a lo mejor no le importa al público esa pausa para considerar lo que dijiste. Solo respira lenta y profundamente dos veces.

Reconoce el éxito

Luego del discurso o presentación te puedes sentir complacido, a lo mejor no han salido las cosas bien. pero seguramente es que seas más crítico tú que el público. Verifica si alguna de las preocupaciones específicas sucedió de verdad. Todos erramos, considera esto como una oportunidad para mejorar las habilidades.

Busca apoyo

Únete a un grupo de personas que apoyen, a los que tienen problemas para hablar en público. Un recurso eficaz que te sirva para que puedas tener capacitación y desarrolles habilidades de liderazgo.

En caso de que no puedas superar el miedo así, entonces puedes considerar el buscar ayuda profesional. La terapia cognitiva conductual es un enfoque que se basa en las habilidades que puede ser un tratamiento eficaz para que reduzcas el miedo a hablar en público.

Otra de las opciones es que tomes medicamentos relajantes antes de hacerlo, aunque esto puede llevarte a ser codependiente de estos fármacos.

Es normal que se sientan nervios o un poco de ansiedad previo a estas situaciones. Hablar en público no es fácil para mucho. Se le conoce como ansiedad por desempeño y otros ejemplos son el miedo escénico, la ansiedad ante los exámenes y el bloqueo mental del escritor.

Las personas que tienen ansiedad grave, que es ansiedad intensa en otros espacios sociales, pueden tener un trastorno de ansiedad social, que se llama fobia social. El trastorno de ansiedad puede requerir terapia cognitiva conductual, medicamentos o una combinación de ambas alternativas.

Miedo a los médicos o a tomarse la tensión

Muchas personas le tienen miedo a ir a consulta porque creen que esto puede terminar en muchos chequeos o que digan cosas que jamás se quieren oír. El querer evitar escuchar una patología hace que se huya por años el doctor.

Las personas no van al médico en su vida, salvo cuando caen muy enfermas, porque les temen a los especialistas. Pero muchos encubren este miedo diciendo que el médico no sabe más que ellos o que ir al médico es como ir al mecánico, alguna cosa le encuentra al coche o al cuerpo.

Algunos nos temen ir al médico, pero otros necesitan ser valientes para ir, aunque requiera médicos especializados.

Esto tiene un nombre, Iatrofobia, que es un miedo que no se puede controlar, persistente, injustificado a los médicos, consecuencia de no ir a las consultas y revisiones diarias. Por lo que pueden aparecer problemas más graves.

El temor se asocia con experiencias de consultas anteriores, situaciones traumáticas de la infancia, contagio de enfermedades o resultado de exámenes.

La medicina de hoy que es tan rápida, que está dividida por especialidades, lleva a que se cometan errores y dar más argumentos a los que le temen. Sucede que el cuerpo humano es una unidad, por lo tanto, no se puede actuar aislado, tratando por un lado el riñón, por otro el estómago, el cerebro, el corazón, los pulmones, etc. Ya que es una unidad y la falta de un verdadero clínico que pueda dirigir la orquesta genera errores que justifican el miedo que sienten algunos a los médicos.

El miedo a los médicos es consecuencia de la despersonalización de la medicina, ahora es más robotizada, con carencia que lleva a muchos pacientes a alejarse de ella y a quedarse solo, muchas veces buscando solución que no encuentran.

Ir al médico de cabecera, al que nos da esa confianza y efectividad que es necesaria, colabora inmensamente con el tratamiento elegido, para que el 50% de la cura esté en la confianza que deposita la persona en su salud y el doctor.

El médico amigo de la familia es la persona que media entre las ciencias duras y el paciente, trata de manera paternal, con confianza, que hace que el paciente se entregue y deje de lado los miedos.

¿Tengo miedo a los médicos?

Es común sentir un poco de nervios, algo de ansiedad antes de entrar el médico, les pasa a muchos, sin embargo, una fobia es más que eso, esto son los signos que puedes sentir:

- Cancelas las citas médicas o las reprogramas infinidad de veces, no recibes cuidados preventivos ni vacunas que puedes necesitas para estar saludable.
- En vez de ir al médico, te automedicas cuando estás enfermo.
- Antes de las citas médicas no puedes pensar en otra cosa, te es difícil dormir. A lo mejor no comes o lloras la pensar en esa cita que se viene.
- Le temes a los odontólogos, hospitales e incluso enfermedades. Algunos o todos los miedos se combinan con el miedo a los médicos.

Si te pasa algo de lo que te he contado, deberías hablar con el terapeuta sobre el miedo. El terapeuta te puede indicar si los nervios y la ansiedad a las citas médicas son de verdad una fobia.

Formas de superarla

Si te da miedo ir al médico te puedes preguntar si tienes preocupación por alguna intervención o diagnóstico. Si te dan miedo las salas de hospitales o consulta y si te podrías sentir mejor yendo a otro médico.

Encuentra apoyo, puedes ir con un terapeuta que te ayude a entender si el miedo es racional, te puede ayudar a encontrar la fuente de la ansiedad y cómo manejar el miedo de una mejor manera.

Trae un amigo para que te apoye en las citas médicas, a lo mejor un amigo cercano o familiar que te apoye moralmente a superar el miedo a la cita médica.

Encuentra otro médico o intenta con otro proveedor de cuidado primario, a lo mejor te llevas mejor con otro o con un enfermero o asistente. Considera conseguir un proveedor con personalidad o puntos de vista distintos

Antes de ir a la cita le preguntas al médico cuántas pruebas se harán para que sepas lo que te espera.

Para controlar estos miedos tienes que comprender lo que los causa, si no tienes la seguridad, busca ayuda profesional.

Miedo a morir

La ansiedad puede llevar a que se sientan muchos miedos. Uno de ellos es la tanatofobia o miedo a morir. Algunos problemas de ansiedad en realidad crean el miedo a la muerte por sí mismos.

En muchos casos el miedo es independiente, el miedo a la muerte es una fobia en sí y no el resultado o síntoma de trastorno de ansiedad.

Hay que tener presente que hay diferencias en aquellos cuya vida se ve alterada por el propio temor a morir y los que temen a la muerte como síntoma de trastorno.

Síntoma de miedo a la muerte

Los latidos del corazón se aceleran, se siente dolor en el pecho, la habitación parece que se sale de control. No sabes lo que pasa, pero sientes que no es nada bueno, como si el mundo fuera a terminar. Sientes miedo de morir ahora.

Entonces sucede de pronto, el miedo comienza a irse, te sientes agotado, te quedas con la pregunta de si pasa algo con la salud.

A lo mejor tuviste un ataque de pánico, entonces ese miedo a morir no es más que el síntoma.

La causa

El nombre oficial del miedo a la muerte es tanatofobia, pero este miedo no siempre es una fobia. Casi todos temen a la muerte de alguna manera.

Mientras que algunas personas temen más que otras, hay un grado de temor que es saludable. Si no temes a la muerte, puede que te expongas a muchos peligros que no necesitas.

Cuando el miedo altera drásticamente tu vida, es que se convierte en un problema grave. Si comienzas a evitar las situaciones sociales o manifestar miedo intenso a algo que ni siquiera se parece al peligro, el miedo entonces es algo serio que toca tratar.

Este es un miedo que afecta a un 2% de la población y lo sienten más las mujeres. El ser humano se enfrenta en la vida a una serie de preguntas existenciales. Tenemos conciencia de existir, pero no sabemos el sentido ni cuándo dejaremos de existir o al menos de existir como ahora. El miedo a la muerte es común, natural, incluso necesario.

Hay que ser consciente de que todo se acaba que puede ser una fuente inagotable de emociones que incluyen temor, incertidumbre, angustia y fobia.

El problema no es que temas, sino que el temor te impida llevar una vida plena. El temor no es raro, es más, en parte funciona como mecanismo de defensa, evita que pongamos en riesgo la existencia ante situaciones determinadas.

Sin embargo, cuando el miedo a morir se sale de control o es una fuente para que se ande ansioso todo el tiempo, es algo irracional que saca de equilibrio a las personas.

Síntomas

- Ansiedad cuando se piensa en la muerte o ante situaciones o actividades relacionadas.
- Querer controlar cualquier dolor
- Preocupación constante sobre el tema muerte, además de ser difícil pensar en otras cosas.
- Palpitaciones, náuseas y síntomas típicos de la ansiedad. Incluso se pueden padecer ataques de pánico.
- Ser conscientes de lo irracional del miedo

Tratamientos

Muchos consideran que evadirse es una solución, pero se hablar de una fobia que puede terminar siendo muy grave. Hay terapias de exposición, psicológica, grupos de apoyo y hábitos de relajación que pueden ser útiles para enfrentar este miedo.

Sin embargo, la mejor opción es que acudamos a profesionales de la salud mental que van a tener respuesta para el problema.

Este es un tema que puede ser complicado de tratar, porque es un temor saludable hasta cierto punto, y que la verdad tiene su racionalidad.

Nadie quiere que ese miedo desaparezca. Solo que lo controles y que esté en una medida que no afecte tu vida.

Es importante determinar primero si el miedo es síntoma o causa, si es una fobia tienes que hacerle frente a ella como a cualquier otra, analiza cómo el miedo afecta la vida y trata de usar técnicas de exposición y desensibilización para que el miedo no sea tan intenso.

Si es un síntoma entonces tienes que orientar el esfuerzo y tratar la ansiedad que la causa, solo luego podrás convivir con el miedo sin que impacte tan fuerte en tu vida.

Miedo a volar

Atravesar el océano para llegar a otros destinos lejanos es un reto para algunas personas. Es fobia a trepar a aviones, a las alturas, pensamientos negativos sobre accidentes, claustrofobia... todo esto se resume en un problema, la aerofobia, el miedo a volar, lo que lleva a ansiedad o cuadros de pánico.

Este es un problema que afecta al 25% de las personas y aunque el avión es el medio de transporte más seguro para moverse, sigue habiendo personas que les aterra subir a uno.

Ten en cuenta estos consejos para que superes el miedo:

Lee todo lo que encuentres

Hay muchos libros sobre el tema que puedes leer para que te convenzas de que no hay peligro a volar. Muchos de los libros han sido escritos por pilotos que dejan los consejos definitivos para aprender a volar sin miedo.

Son técnicas y métodos psicológicos que sirven para que venzas la ansiedad, verás controles, explicaciones, mantenimientos. Es una gran guía para subir con tranquilidad y superar esta fobia.

Escucha canciones relajantes

Te puedes distraer escuchando música para que no pienses en el recorrido aéreo. Escucha listas de Spotify exclusivas para enfrentar le miedo a volar. Puedes escuchar por ejemplo Someone Like you de Adele, o el concierto número 21 en C Major de Mozart, Piano on the Beach de Livorio Conti y tantas otras.

Toma una siesta

Otra de las soluciones para que no sufras es que duermas. El descanso te hace desconectar de todo lo que tienes alrededor y recargar las pilas antes de aterrizar. A pesar de que se recomienda llegar al aeropuerto descansado para que estés activo a la hora de hacer las prácticas. El que tengas sueño sirve para que te duermas nomás subas al avión. Si cierras los ojos te distraes del panorama que hay más allá de la ventanilla y sirve para que imagines lo que te espera más allá de la ventanilla. Entonces ponte a soñar, pero dormido.

Toma cursos

Hay cursos sobre el miedo a volar, estos son buenos para enfrentar la fobia que hay al avión. En estos cursos tienes personas expertas que desmienten las creencias falsas relacionadas con los peligro a volar.

Una en 45 millones

Las probabilidades de que mueras a bordo son una en 45 millones. El miedo a volar genera muchas fobias, entre las que destaca la de la desinformación. No conocer bien el funcionamiento del avión puede provocar miedo cuando se sube a bordo. Lo mismo sucede si ignoras conocimientos relacionados con la aeronáutica. Cada día vuelan más de ocho millones de personas, algo que es bueno conocer, porque son muchas las personas que viven esto en el aire. ¿Cada cuánto se cae un avión? ¿Cada cuánto choca un auto? Por eso es que la probabilidad de que mueras en un avión es de una en 45 millones.

Escoge los asientos delanteros

Otro consejo que tienes que considerar es que elijas puestos correctos a la hora de registrarte. Solo los que tienen miedo a volar prefieren no mirar por la ventana y sentarse en areas centrales. Toma un asiento de pasillo para que superes el miedo y te distraigas con otra cosa y no con lo que sucede en el avion. En l oque tiene que ver con las turbulencias, los expertos recomiendan sentarte en los puestos de adelante. Así los pasajeros notarán menos las corrientes de aire, tanto las ligeras como las severas.

Las películas y series

Disfruta de la película que quieras, no importa si es acción, romántica, ciencia ficción, cómica o de terror. La idea es que disfrutes y no que pienses que vas en un avión. Presta atención a la proyección para que te distraigas y el recorrido sea más rápido y entretenido. Además, con el servicio de internet a bordo puedes ver la cartelera o puedes descargar algo antes que inicie el viaje. Si tienes un viaje largo entonces baja una serie y te lanzas un maratón de temporadas y así el viaje será otra cosa.

Descarga aplicaciones antiestrés

Hay inventos en el mundo de las aplicaciones que ayudan a que sientas tranquilidad cuando vuelas. Hay una llamada Sky Guru, que es una opción para que veas en tiempo real lo que pasa en el vuelo, tanto dentro como fuera. Apenas pones el número de vuelo puedes conocer los movimientos, el estado del tiempo y tener explicación para los ruidos que se escuchan en el trayecto.

Hay otra Takeoff Mode, es un juego de concentración para no enterarse de la fase de despegue de avión. Si lo que necesitas es tranquilizarte puedes usar Calm App que invita a relajarse y a tener autocontrol. Con esto, el pasajero se beneficia de programas gratis de 10 minutos ideales para que medites y desconectes la menta. También con Soar y Valk el viajero, puedes decirle basta a estas fobias. Soar es gratis y demuestra que volar es una práctica segura y Soar enseña a respirar para calmar la ansiedad en el aire.

Evita la cafeína

El café, bebidas con cafeína o alcohol son enemigos de la ansiedad a la hora de volar. Porque estimulan y fomenta los nervios del pasajero afectado. Intenta tomar cosas relajantes, tilas, manzanillas, para que te sientas mejor. Evita almorzar o cenar mucho porque el exceso de comida puede causar pesadillas.

Yoga y meditación

Otro de los modos de tratar el miedo es que uses una buena técnica de respiración, intentar invocar la calma en la mente y el cuerpo. Suelta el cinturón en la fase del vuelo cuando te lo permitan para que no tengas el abdomen apretado e intenta respirar hondo y profundo. Con el yoga aprendes técnicas para relajar el cuerpo, aunque después tienes que hacerlas como un hábito diario.

TÉCNICAS MÉDICAS PARA TRATAR LA ANSIEDAD Y LO ATAQUES DE PÁNICO

Ya hemos visto las fobias y las formas de tratarla, también lo síntomas y cómo manejar la ansiedad y los ataques de pánico. Ahora veamos cómo la medicina en sus distintas ramas puede ayudar a tratar los desagradables síntomas de la ansiedad y los ataques de pánico.

Homeopatía

Para esas personas que no quieren acudir a medicina que manda un psiquiatra, siempre tiene la homeopatía como opción. En el caso de medicamentos de este tipo hay algunos que debes conocer y saber la utilidad que te brindan.

La homeopatía tiene muchos remedios que sirven para tratar la ansiedad, tanto en los síntomas como la causa del trastorno. La homeopatía actúa aliviando los síntomas de la ansiedad, pero también restaura el equilibrio psicológico.

- *Arsencum álbum:* este es un remedio que sirve para la ansiedad. Para el estado donde nos ponemos irritables, donde se busca la perfección y que todo esté en su sitio.

- *Silice:* es eficaz contra la fobia social, pero también contra los estados menos graves de timidez, inseguridad y miedos sociales.
- *Nux vómica:* para los adictos al trabajo, si la ansiedad viene por un exceso de trabajo que no se está dispuesto a dejar, si todo tiene que estar ordenado y si no se puede desconectar, este es un remedio efectivo para la ansiedad.
- *Ignatia amara:* es un remedio que actúa contra las reacciones contradictorias de la ansiedad. Si notas cambios de humor grandes, si pasas de la ira al sosiego en segundos, o si el nerviosismo no te permite parar.
- *Argentum nitricum:* la homeopatía propone este remedio para la ansiedad, es para esos casos donde se conocen las razones de la ansiedad, como hablar en público, hacer exámenes o subirse a un edificio alto.
- *Rhus toxicodendron:* este es para los trastornos obsesivo compulsivos, acciones repetitivas como lavarse las manos o pisar la junta de las baldosas en la calle.
- *Aconitum napelus:* se usa para tratar uno de los peores tipos de ansiedad, el miedo a morir. Es más eficaz para los episodios que se dan especialmente en las noches, que impide ir a la cama y provoca episodios terroríficos.

Medicina antroposófica para la ansiedad

El proceso de terapia de este tipo de medicina se basa en cuatro principio organizativos, el nivel físico, el nivel de fuerzas vitales o vitalidad, el nivel mental o la esfera psicológica emocional y el nivel individual o ego.

La salud va a depender del equilibrio de estos cuatro principios, por eso cuando uno de ellos pierde el control, toca restablecerlo.

La medicina antroposófica se basa en conceptos de salud, enfermedad y curación, y se ven en el equilibrio o no de los cuatro principios.

Sin embargo, la interacción en ellos da pie a tres sistemas funcionales, el neurosensorial, el rítmico y el metabólico, que corresponde con cualidades del ser humano:

- *Sistema neurosensorial:* pensamiento
- *Sistema rítmico:* sentimiento
- *Sistema metabólico:* voluntad

Es un sistema que impregna todo el cuerpo y se sujeta a cambios en la vida. Cada que sucede esto, el sistema rítmico que está entre el sistema nervioso y el sistema metabólico, crea otro equilibrio que permite la interacción en armonía. Cualquier desviación de este estado lleva a que sucedan distintos síntomas de la enfermedad.

Las terapias

Con ayuda de medicamentos antroposóficos se puede activar el proceso de autocuración del cuerpo y recuperar el equilibrio que se interrumpe hasta llevarlo al equilibrio correcto. La medicina emplea medicamentos convencionales como propios de la medicina antroposófica. El enfoque del tratamiento y la elección de medicamentos y terapias médicas que deben usarse se adaptan a cada persona con la finalidad de generar procesos de desarrollo dentro de la persona y fortalece la autocuración natural y recupera el equilibrio de la salud.

Además, se utilizan aplicaciones externas y tratamientos, desde compresas húmedas, baños medicinales, hidroterapia, hasta cuidados como fisioterapia antroposófica y terapia de masajes rítmicos. Se pasa por la dietética, ejercicios eurítmico, terapia artística antroposófica o psicoterapia antroposófica. Todos con combinación entre sí.

La eficacia de este tipo de medicina se mide en tanto si reduce o alivia los problemas del cuerpo o la mente. Sin embargo, la eficacia de un tratamiento demuestra si se logran los efectos deseados en la persona. La evaluación que concluye es la eficacia en el organismo, que es única para cada uno.

Muchos estudios demuestran que el valor agregado de un tratamiento antroposófico radica en una reducción de gastos, si se compara con otros tratamientos. Esto es clave para enfermedades crónicas, donde el tratamiento puede durar largo tiempo.

Las sales bioquímicas de Schüssler

Las sales minerales son pequeños componentes de las células que tienen una gran importancia para nuestro cuerpo. Una deficiencia o desequilibrio en estos minerales puede causar trastornos en las células y los órganos.

Las sales minerales están presentes en lo que comemos, aunque no llegan donde realmente tienen que llegar que es al organismo.

Las sales minerales del Dr. Schüssler tienen la capacidad de dar armonía y regular los procesos químicos que suceden en nuestras células. Están preparadas para hacer llegar los minerales a todas las células del cuerpo. Este doctor basa su terapia en un total de doce sales minerales que llama agentes funcionales, así remedian muchos trastornos funcionales.

Luego descubren sus sucesores doce sales más que también son importantes para el metabolismo mineral en las células. Las sales completan el tratamiento y actúan como coadyuvante de la terapia con las sales básicas por eso reciben el nombre de sales complementarias y se numeran desde el 13 al 24.

Son muchos los efectos que tienen para mejorar. Estimulan la capacidad de autocuración en el organismo de manera segura y delicada, sin tener efectos secundarios.

Para beber estas sales, se disuelven lentamente en la boca, espaciados por medios hora antes o después de las comidas. Para consumirlos tienes que eliminar estimulantes como la nicotina, picantes o alcohol.

Esta terapia es una variante de la homeopatía, en la que hay algunas relaciones y diferencias. Las sales son minerales a diluciones decimales en las que se usa para seguir las pautas.

Comienza el médico separando a las personas por distintas constituciones, porque determina que hay personas con disposición, propensión, predisposición o sensibilidad ante determinadas enfermedades o afecciones.

Es como si las personas tuvieran tendencia adquirida o congénita para sufrir enfermedades. La diferencia de disposición se determina por la edad, la constitución física y enfermedades previas, dependiendo de cómo se viva, se puede influir de forma positiva o negativa.

También en os aspectos físicos se habla de predisposiciones hereditarias. Desde la antigua Grecia o la India se habla de las predisposiciones. Los remedios son minerales en el cuerpo con efecto que balancea para disfunciones en el organismo y efecto estimulante o regulador de algunos procesos funcionales del organismo.

Los remedios cumplen principios de homeopatía, de tal modo que la dilución sea suficiente para que las sales no alteren las células sanas.

Flores de Bach

Los tratamientos con flores de Bach se centran en que se controlen los estados emocionales en vez de eliminar los síntomas por un tiempo, es por esto que son efectivos en los tratamientos para la ansiedad. Además, la terapia no tiene efectos secundarios, por lo que sirve para cualquier situación o edad.

Ten presente este listado con los tipos de ansiedad que se presentan frecuentemente en la sociedad, hay ciertas esencias florales que se relacionan con síntomas asociados a cada uno, peor siempre se recomienda conocer las 38 flores antes de iniciar el tratamiento.

Ataques o crisis de pánico

Son periodos repentinos de miedo extremo, seguidos como sudoración, ahogamiento, palpitaciones. Los ataques a menudo vienen seguidos de miedo a perder el conocimiento o morir y las personas que han sufrido temen experimentar algo similar.

Para tratar estos ataques de pánico, el remedio clave es Rescue Remedy, pero si quieres comenzar un tratamiento es bueno que hagas una mezcla personalizada. Algunas flores a tener en cuenta pueden ser Rock Rose para el pánico. Aspen para miedos que no se conocen o White Chestnut para pensamientos obsesivos.

Fobias

Es un miedo irracional a situaciones o cosas. Generalmente las fobias se aprenden y fortalecen y agudizan con el tiempo. Algunas de las más comunes son fobia social y agorafobia.

Se puede usar esencia de Mimulus para fobias si el origen es el miedo. Si viene de la mano de pánico, también puede considerarse Rock Rose. En caso de problemas por autoestima Larch es ideal.

Preocupación crónica

Para cuando se tiene angustia constante por algo, la familia, dinero, todo esto puede traer problemas como problemas para dormir y falta de concentración. White Chestnut es la esencia para trabajar estos pensamientos. Si la preocupación excesiva es por los otros Red Chestnut ayuda.

Trastorno por estrés postraumático

Son emociones sin control que tienen origen en la vivencia de experiencias terribles. A veces las víctimas de estos traumas pueden regresar y revivir constantemente lo sucedido. También puede tener explosiones de ira, pesadillas o depresión.

Si tienes traumas Star of Bethlehem es la mejor opción.

Hay otras flores para la ansiedad, que incluye flores de Bach relacionadas con algunos aspectos relacionados con ansiedad. Si quieres hacer una mezcla personal, no olvides profundizar en otras.

Pero para cerrar este punto se recomienda Rescue Remedy, que es una mezcla creada por el doctor Bach, que se usa puntualmente para ataques de pánico. Se puede usar para situaciones de ansiedad como pueden ser visitas médicas, exámenes, dentistas.

La alquimia espagiria para la ansiedad

La alquimia se utiliza para la ansiedad, maneja las ciencias sagradas y consiste en despertar, potenciar y sacar los dominios más sutiles de la materia. La rama de la alquimia que corresponde a la salud se llama Espagiria y se usa en consultorios. Trabaja la dimensión orgánica y mental de la persona, también la dimensión espiritual profunda, dada por medio de los chakras o vórtices energéticos. Se ubica en el ventrículo izquierdo del corazón.

Aromaterapia

La aromaterapia se usa para mejorar el estado de ánimo y la salud en general. Hay culturas antiguas que usaban aceites esenciales para rituales y prácticas religiosas, reconocen la capacidad para impactar en los sentimientos.

A lo largo del tiempo, científicos y profesionales de la salud mental se dedican a estudiar las emociones en los seres humanos, logrando comprende mejor cómo los sensores químicos en el cuerpo responden a los efectos de aroma. Las investigaciones concluyeron que la aroma-terapia puede tener un efecto notable en las emociones, bienestar y estado de ánimo de los seres humanos.

La forma en la que afecta el cerebro

El cerebro es complejo, estimula respuestas emocionales. El concepto se conoce como el Fenómeno de Proust y se propone que todos tenemos distintos recuerdos y experiencias, tenemos la capacidad de experimentar una respuesta diferente al inhalar aromas. La respuesta interna conecta el aroma con otras partes del cerebro, lo que lleva a una respuesta emocional. Al inhalar un aroma se activa el sistema límbico, área del cerebro donde se almacenan recuerdos y emociones. Cuando se recibe el aroma del aceite el sistema produce respuestas basadas en recuerdos que se asocian con ese olor como tal. Esto crea una avalancha de sentimientos y emociones, las reacciones a los aromas se basan en indicadores ambientales, experiencias pasadas, preferencias personas y composición genética única. Los factores individuales, no todas las personas tienen la misma reacción psicológica al mismo aceite, cada aceite esencial tiene propiedades distintas que apelan a emociones diferentes de acuerdo a la composición química.

Aceites esenciales que tienen características calmantes:

- Ylang ylang
- Bergamota
- Jazmín
- Lavanda
- Manzanilla.

Aceites esenciales para la estabilidad emocional:

- Cedro
- Rosa
- Incienso.

Aceites para levantar el ánimo:

- Lima
- Limón.
- Naranja.
- Toronja.

Otros aceites para la salud emocional:

- Geranio.
- Pacholí.
- Vetiver.
- Albahaca
- Nerolí.

- Lemongrass.

Hay combinaciones de aceites esenciales para apoyar emociones. Usa esos que tienen combinaciones, como lavanda, alcanfor, cedro, ylang ylang, mejorana, vetiver, manzanilla, sándalo hawaiano, entre otros.

Cómo se aplica:

Se administra principalmente de dos formas, por la inhalación o por medio de absorción en la piel. El uso de aceites es que se inhale el aroma y puede ser con la inhalación del olor, o se aplica en un paño, servilleta o cualquier cosa que absorba. La otra forma es que se llegue el aroma de los aceites por medio de la difusión. En este caso se diluyen gotas del aceite en agua y se usa para diseminar el aroma deseado.

Cuando el aceite esencial para absorber por medio de la piel, toca ser precavido porque algunos aceites pueden tener efectos que irriten la piel, por esto lo mejor es que se diluya el aceite esencial en un aceite portador. Si lo aplicas en la piel, también se sugiere que pruebes aceite en un área pequeña para que veas si genera algún tipo de reaccionantes de usarlo en espacios más amplios.

Otra precaución que se tiene que tomar es evitar usar aceites esenciales con base cítrica en la piel si vas a salir al sol, porque pueden irritarte o mancharte.

Dependiendo de la calidad y la concentración del aceite esencial, se pueden usar entre dos y cinco gotas de aceite.

Si es para manejar el estrés:

- Aplica dos gotas de lavanda, cedro o lima en la planta de los pies.
- En dos onzas de aceite de almendra agrega diez gotas de salvia, diez gotas de limón y 5 de lavanda, usa el aceite para un masaje corporal.

Para manejar la ansiedad:

- Aplica tres gotas de lavanda y cedro en la cabeza y el cuello
- Prepara un baño de agua con sal de mar y agrega aceite de lavanda, bergamota, incienso, ylang ylang o geranio
- Prepara un baño de agua con sal de mar y agrega aceite de sándalo, romero, menta, lavanda, incienso y manzanilla.

Los aceites esenciales no son un tratamiento médico, se usan como apoyo para reducir los síntomas relacionados con la ansiedad, pero no son un tratamiento médico. Igual ayudan mucho. Es importante seguir los consejos médico y si desea agregar otras estrategias naturales como aceites esenciales, que se haga con profesionales de la salud, conocedores del tema y con productos de calidad y pureza. Finalmente se sugiere que no se haga aromaterapia en infantes, mujeres embarazadas o amamantando.

Gemoterapia

Seguramente pensarás que cómo es que llevas una piedra contigo y así se te alivia la ansiedad. Qué fácil eso. Se supone que te puede calmar. Pues sí.

Aunque te suene extraño los cristales se usan desde la antigüedad y es porque tiene aportes importantes que ayudan a curar. Tienen energía que ayuda y eleva el estado de ánimo al instante.

No es que se sugiera que tengas una roca de cuarzo blanco en el bolsillo, para que alivies el estrés por el resto de tu vida. Pero con el uso de otros mecanismos de adaptación como la respiración simple y la meditación, los cristales son un gran agregado en el madejo de los pensamientos ansiosos que se roban todas las energías.

Ten presente estas gemas para que las uses en el día a día.

Ágata de encaje azul para tener una mejor comunicación

Si en algún momento has estado en una situación con alguien donde la comunicación no es mala y la tensión está en un punto alto, usted sabe el estrés que puede ser esa mierda. ninguno es capaz de que expreses los sentimientos correctamente y finalmente, el desacuerdo se sale de control y lleva a sentimientos heridos en cualquier extremo.

Si usas el ágata de encaje azul, es clave para que superes las dificultades de comunicación y los malentendidos, con toda la tensión ansiosa que traen las situaciones. Lleva contigo esto para que trabajes las emociones difíciles sin que arruines la vida.

Amatista para un escudo de energía que te proteja

Si conoces esos días donde sientes que se alargan para siempre, de la peor forma nada parece ir bien, y sientes que el estrés te consume desde todos los ángulos.

La amatista está para rescatarte de los días horribles. El encantados cristal de lavanda disipa la negatividad del cuerpo mientras simultáneamente atrae las vibraciones positivas. Los cristales de amatista tienen mucho poder y pueden crear un escudo de energía alrededor para aliviar la ansiedad.

Cuarzo para el cuidado personal

El estrés y la ansiedad son sentimientos que consumen y cuando atacan es difícil pensar en otra cosa. Sin embargo, el cuidado personal y la compasión es importante en los momentos donde te sientes mal, los cristales de cuarzo rosa sirven como recordatorio.

Se dice que el cuarzo rosa es un cristal del amor y adoración. Eso puede ser amor propio o amor a otros o ambos. Si lleva uno de estos que sea rosa pálido, coloca uno al lado de la cama o en un escritorio en el trabajo, con esto recuerdas respirar profundamente y por completo, para que te ayude con el cuidado personal.

Cuarzo blanco para todas las formas de curación

Ya sea que el estrés sea más profundo como la acumulación de múltiples problemas en la vida. Una sensación superficial a causa de una lista larga de tareas o un día que frustre porque nada sale bien. el cuarzo transparente sirve para que llegues a la paz.

El cristal hace todo, normalmente se le conoce como un maestro sanador. Ten ese cuarzo cerca y úsalo para cualquier cosa que moleste, porque sin importar lo que te digan, te escuchará.

Turmalina negra para el estrés

Este es un gran cristal para que incluyas en las sesiones de meditación debido a la naturaleza de equilibrio y equilibrio. Tienes que sostener uno en la mano mientras meditas sentado, así ayudas a liberar la tensión que puedes sostener en el cuerpo.

Te sirve para el trabajo, para que la mente no se empañe y si quieres agregar un sentido de concentración en las tareas del día a día.

La piedra versátil y poderosa puede que no tenga color o ser brillante como otras, peor ya sabes lo que dicen, no la juzgues por la pinta que tenga.

Acupuntura

Se sabe actualmente que la acupuntura actúa en el sistema nervioso autónomo, tiene efectos en la tensión arterial, tamaño de pupilas, temperatura de piel, ritmo cardiaco…

Se conoce que activa distintas partes del cerebro en diferentes enfermedades que se dan entre actividades simpáticas y parasimpáticas, pudiendo modular una respuesta neurotransmisora lo que ayuda a mejorar a la persona que padece la enfermedad.

En un estudio de 2002, haciendo la diferenciación de síndromes que hacen medicina tradicional china, se ve que la acupuntura es útil para calmar la ansiedad.

Algo diferente es que un paciente puede padecer de ansiedad como se le conoce en Occidente, pero no es tratado igual que el segundo paciente que viene por ansiedad.

La ansiedad puede tener diferentes orígenes o desarreglos, y lo que hace en la consulta es tratar a la persona, no a los síntomas. En un meta análisis publicado en 2014 se llega a la conclusión de que la acupuntura reduce la ansiedad preoperatoria comparado con placero o ninguna intervención.

Se ha analizado el efecto de la acupuntura en estudiantes universitarios sometidos a exámenes de la carrera y se valora que los que se habían sometido a acupuntura habían tenido mejores puntos en el examen y habían tenido menos síntomas de ansiedad.

En un ensayo clínico publicado en 2016 en la cual se compara la respuesta ansiosa ante una competencia de jugadores de futbol adolescentes, se ve que los que habían recibido acupuntura de verdad ante los que habían recibido acupuntura falsa o no habían recibido nada, los del primer grupo presentaban menos ansiedad ante los otros dos grupos.

Como se puede ver, la ansiedad da en varios contextos y es importante que se valore si esta es una ansiedad normal o si es tan fuerte que se impide vivir y tener felicidad.

La acupuntura es una técnica muy efectiva para tratar la ansiedad y ayuda en otras terapias que estés usando para resolverla, desde fármacos a terapia psicológica.

Acupresión

Esta es una técnica de sanación ancestral que se basa en acupuntura, con la acupresión se aplica presión en lugares específicos del cuerpo. A esos lugares se les llama acupuntos. Se ejerce presión en esos sirve para calmar la tensión muscular y aumenta la circulación de la sangre. También sirve para aliviar muchos efectos secundarios más comunes en tratamientos contra el cáncer.

Puntos de presión Extra 1

El punto de presión Extra 1 también se conoce como Yin Tang, se encuentra en el punto medio entre las cejas. Cuando se hace acupresión en ese punto de puede aliviar el estrés y la ansiedad.

Ponte en una posición cómoda.

Coloca el índice o pulgar derecho entre las cejas.

Ejerce presión sobre el punto con movimientos circulares por unos diez minutos. La presión tiene que ser leve y no causar molestias. Puedes hacer acupresión en este punto varias veces al día o con frecuencia como sea necesario para que se vayan los síntomas.

Electroacupuntura

Esta es una forma de aplicar la acupuntura en la que se hace pasar una corriente eléctrica entre las agujas siendo complementarias en el tratamiento para el dolor o parálisis, siendo los campos de aplicación amplios.

Los aparatos usados en electroacupuntura, que han avanzado lógicamente con los años, no solo permiten que se ubiquen de forma más precisa los puntos de acupuntura sino también cuantificar el estado energético de vacío o plenitud y la estimulación de los mismos.

La técnica, aunque lo parezca, no duele, la sensación se relaciona con la de un hormigueo, además, la intensidad del estímulo se gradúa de un modo más preciso, por eso el tratamiento a la tolerancia específica del paciente.

Los beneficios que ofrece se aprovechan como complemento para algunas rehabilitaciones, antes de ir a una sesión el consejo es que lo consultes con un médico. Estas son las dolencias donde te puedes aplicar:

- Tensión muscular y contracturas.
- Rehabilitación funcional, tendinomuscular y nerviosa

- Atrofia muscular
- Lesiones postraumáticas.
- Dolor general
- Lesiones por deporte.
- Parálisis
- Cuadros de ansiedad

Como en toda terapia la electroestimulación presenta contraindicaciones. Por eso los terapeutas recomiendan no usarla en casos de personas que lleven marcapasos o padezcan epilepsia. No se puede tampoco aplicar en prótesis metálicas o lesiones de piel. No se aconseja que se use en embarazadas.

TÉCNICAS BIOQUÍMICAS PARA TRATAR LA ANSIEDAD

*H*ay muchas formas de tratar la ansiedad. Estas técnicas bioquímicas son bastante efectivas. Seguramente has hecho alguna por placer, pues ahora las aplicarás para el tratamiento de tu ansiedad.

Yoga

El yoga es una práctica que combina tanto cuerpo como mente. Se considera que ayuda en muchos aspectos de la salud y que complementa e integra. El yoga combina disciplinas físicas y mentales que ayudan a lograr la tranquilidad del cuerpo y la mente. Esto te ayuda a relajar y controlar el estrés.

El yoga cuenta con muchos estilos, formas e intensidades. En las opciones está el hatha yoga, puede ser una buena opción para manejar el estrés. El hatha es uno de los estilos de yoga más comunes y es posible que a los principiantes les guste el ritmo más lento y los movimientos sencillos. Sin embargo, muchas personas pueden beneficiarse con cualquier estilo de yoga, solo es una cuestión de preferencias personales.

Los componentes principales del hatha yoga y las clases de yoga comprenden esto:

- Posturas: las poses de yoga, también se llaman posturas, son una serie de movimientos destinados a aumentar la fuerza y la flexibilidad. Las posturas varían desde acostarse en el suelo mientras te vas relajando hasta posturas complicadas que requieren esfuerzo para superar los límites físicos.
- Respiración: controlar la respiración es algo clave en el yoga, el yoga te enseña que controlar la respiración sirve para que controles el cuerpo y calmes la mente.
- Meditación o relajación: el yoga agrega la meditación o relajación. La meditación puede ayudar a tener consciencia y estar concentrado en el presente, sin juzgar.

Beneficios del yoga

Estos son los beneficios del yoga que pueden servir para que reduzcas la ansiedad:

- Reduce el estrés: una serie de estudios ha mostrado que el yoga ayuda a reducir la ansiedad y el estrés. También puede mejorar el estado de ánimo y la sensación de bienestar general.
- Mejor estado físico: e hacer yoga puede generar más equilibrio, flexibilidad, fuerza y amplitud de movimiento.
- Trata afecciones crónicas: el yoga ayuda a reducir factores de riesgo de sufrir enfermedades crónicas, como enfermedades del corazón, presión arterial, también ayuda a aliviar afecciones como depresión, ansiedad, dolores e insomnio

Cuidados al hacer yoga

El yoga se considera una actividad segura para la mayoría de las personas sanas, cuando se hace bajo la supervisión de un instructor con capacidad. Sin embargo, hay situaciones donde el yoga puede representar un riesgo.

Consultar a los proveedores de atención médica antes de comenzar a hacer yoga si tienes una de estas condiciones de salud:

- Una hernia en algún disco.
- Riesgo de coágulos de sangre.
- Glaucoma.
- Embarazo, el yoga puede ser seguro para las mujeres embarazadas, pero se deben evitar algunas posturas.
- Problemas de equilibrio.
- Osteoporosis grave.
- Presión arterial no tratada

Se puede hacer yoga en situaciones si tomas los cuidados como evitar algunas posturas y estiramientos. Si tienes inquietudes o síntomas como dolor, ve al médico para que te asegures de que el yoga te beneficie y no perjudique.

Los beneficios en el yoga se ven desde el primer momento, tienes que llevar ropa cómoda, con colores neutros, y comenzar a preparar la mente para afrontar lo que hagas.

Estas son algunas de las posturas que puedes hacer:

Uttanasana

Esta es una postura de manos para abajo, ayuda a que el cuerpo se relaje y estire los músculos, de tal forma que sea más ligero y permita afrontar la ansiedad con la mente fresca.

La haces así:

- De pie, con los pies separados al ancho de las caderas, inhala de otro modo, levanta los brazos por arriba de la cabeza
- Mientras vas exhalando, dobla el tronco para abajo con los

brazos estirados hasta que toque los pies, apoya la frente en las piernas.

- Trata de mantenerte en la postura 30 o 60 segundos. O lo que aguantes.

Mariposa

Cuando la haces se relajan los músculos en la espalda. Allí se acumula mucha tensión por culpa de la ansiedad. Con esta postura te puedes relajar.

- Te sientas en el suelo, piernas cruzadas como indio, las acercas lo más que puedas a la pelvis.
- Junta las plantas de los pies con ayuda de las mano y deja caer las rodillas a los lados.
- Permanece en la postura por diez segundos.

Camello

Esta postura ayuda a que relajes los músculos, la respiración mejora y la mente se despeja, lo que también deja como resultado un aporte de energía.

- Te pones de rodillas con los muslos paralelos al suelo y las manos en caderas.
- Inhala y levanta muslos hasta que estén perpendicularmente al suelo, arquea la espalda para atrás.
- Estira brazos para atrás, procurando que toques los talones.
- El cuello lo relajas y la cabeza le permites inclinarse para abajo.

Cachorro

Esta postura permite que la columna vertebral se estire y relaje, lo que sirve para calmar la mente.

- Te pones en cuatro patas, alineas hombros y muñecas, con caderas y rodillas.
- Inhala, cuando sueltes el aire adelanta las manos mientras desplazas las nalgas para atrás.
- Deja las manos en el suelo, los brazos estirados y la frente apoyada en el suelo con el cuello relajado.
- Curva ligeramente la parte baja de la espalda, estira los brazos mientras vas moviendo la cadera hacia los talones y sientes cómo la columna se estira.
- Trata de mantenerte así por un minuto.

Media luna

Esta postura es exigente, pero te deja muchos beneficios, como el que mejoras la concentración, despeja la mente y alivia las tensiones de los músculos.

- La haces de pie, te pones en la postura de la montaña, con los pies firmemente apoyados, el abdomen contraído, los brazos a los lados con las palmas para afuera.
- Separa las piernas, gira el pie derecho a la derecha, dobla la rodilla hasta que adelante el tobillo, te inclinas a ese lado.
- Ahora inspiras, giras el pie derecho para la derecha, doblas la rodilla hasta que adelante el tobillo, te inclinas.
- Inspiras y apoyas la mano derecha en el suelo por delante del pie derecho, colocas la mano izquierda en el músculo izquierdo
- Levanta la pierna izquierda, apoyas el peso en la mano derecha.
- Permanece en esta postura por diez segundos y repite lo mismo con la otra pierna.

Puente

Para hacer esta postura tienes que acostarte, pones las rodillas levantadas y los pies firmes en el suelo, los brazos los pones a los lados y la espalda la apoyas en el suelo. empuja las caderas para arriba y quédate así diez segundos. Los subes e inhalas y la bajas y exhalas. Hazlo diez veces.

Con esta postura relajas la espalda y el cuello, alivias las tensiones presentes por el área del abdomen y relajas el cuerpo mientras se activa por completo. **Cromoterapia**

Usar el color tanto en la comida como en diferentes espacio, te brinda muchas reacciones y estímulos en la mente.

Cada tono aporta distintas propiedades y ayuda con el equilibrio, dependiendo de cómo se use, siendo ideal para trabajar la ansiedad.

La cromoterapia se divide en niveles, está la fototerapia clínica, que se usa en centros de investigación celular y genética, el otro es el de la parte psicológica y la energía del paciente. Los colores son captados por el cerebro por medio del sistema límbico que es el área que se encarga del desarrollo de las emociones.

Por medio de esta se reconocen aromas y tonos que se asocian con diversas emociones y recuerdos y llevan a tener una respuesta. Los colores son muy importantes para lograr equilibrios dentro del espacio. Esto determina la manera en la que se perciben las emociones. El problema actualmente es que hace uso indiscriminado del color, lo que produce consecuencias en la salud y el estado de ánimo. La ansiedad es de las reacciones más comunes, además es causa de problemas alimenticios relacionados con la obesidad y sobrepeso.

Por esta razón la dieta y el ejercicio, el uso del color es una forma de reforzar actitudes. Por ejemplo, el rojo, este es un color que llama la atención, activa mecanismos emocionales del cerebro, porque asemeja el color de la sangre, igual que el naranja, estos se usan para tratar la depresión, porque ayudan en la secreción de la hormona serotonina, pero en exceso puede causar ira, aumento de presión y temperatura.

Para quienes quieran bajar de peso, lo recomendable es que se use en los ambientes colores ansiolíticos como azul, para producir melatonina.

Por otra parte, ese tono se relaciona con el elemento agua, por lo que se recomienda el uso en vajillas para que se controlen las ganas de comer en los momentos de ansiedad. El color hace sentir saciedad. Sucede igual con el negro.

El blanco, al contrario, tiene que estar presente en platos y artículos como la nevera. Se puede usar en el comedor, porque brinda estabilidad igual que los tonos metálicos como cobre o plateado. No se debe usar en exceso. Eso puede causar estrés y ansiedad.

La cromoterapia se aplica como alternativa para trabajar los siete puntos de energía, los chakras. Cada punto llena de armonía el color que corresponde y produce un efecto en el área emocional y energética. Las tonalidades tienen incidencia en los órganos y en el estado de ánimo de cada uno. Por ejemplo, para mantener la energía cuando comienza la semana, las personas se pueden vestir de rojo, el color es clave en alimentos, porque esto le atribuye propiedades medicinales, especialmente a frutas y vegetales. Las de color naranja y amarillo son precursoras de vitamina A, que tiene beneficios para la visión y ayuda a cicatrizar heridas.

En la carne, el tono indica que tiene hierro, cuando se cocinen los productos, no se le debe hacer hasta que pierdan el color, porque esto puede hacer que se pierdan muchas vitaminas y minerales que tienen en el estado natural. El desconocimiento ha hecho que las personas no tomen en cuenta el valor ancestral que tiene el color en la vida. La cromoterapia ayuda a las personas en distinto aspectos de la vida.

Afecta el estado de ánimo, evoca sentimientos poderosos a nivel consciente e inconsciente.

Desde los colores de la ropa que se eligen para vestir hasta las sombras que decoran el hogar, los colores tienen impacto poderoso en lo que sentimos y las decisiones que tomamos.

La terapia de color ayuda a que cambiemos los pensamientos y el entorno. Ayuda a los chakras y los colores asociados, los colores más idóneos para que enfrentes el estrés y la ansiedad y para tener relajación, son:

- Azul, por la capacidad que tiene para relajar el sistema nervioso.
- Amarillo por el efecto estimulante de sensaciones placenteras
- Verde por el efecto sedante y calmante. El verde como antiestrés que combate ansiedad y depresión.
- Rosa que llena de armonía las emociones y potencia la circulación de la sangre.
- Marrón para poderse centrar y ayuda a luchar contra los problemas.

Cuando se tiene claro el efecto curativo de cada color, es necesario que se emplee el instrumento para trabajar los colores.

Se suelen usar cristales, sedas y telas, lámparas y hasta extensiones en las duchas que combinan el placer de un baño con el poder de los colores.

Puedes usar la cromoterapia ambiental en casa, cuando usas el color en casa todos tienen los gustos, sin embargo, una elección de color particular ayuda a proporcionar una sensación específica para un espacio.

Estos son algunos de los usos que le puedes dar al color en casa, en el trabajo y en otros ambientes que tengas. Los efectos que pueden producir se centran en los colores antiestrés que tienen efecto relajante en las personas.

Paredes pintadas de violeta pálido

Este color en algunos chakras aparece asociado al blanco, el séptimo chakra. Si se pintas las paredes de casa con el tono, se logrará un efecto calmante. Es bueno para meditar y orar.

Ayuda la conciencia y ayuda a dar lo mejor de cada uno. Tiene un efecto purificante.

Se recomienda para usar en:

- Sitios de culto.
- Entrada en una clínica u hospital.
- En la habitación.

Paredes color índigo (añil)

Tiene efecto sedante, ayuda a abrir la intuición. Se recomienda el uso en habitaciones, salas de tratamiento y clínicas u hospitales. También se puede usar en una biblioteca o estudio, pues es ideal para concentrarse.

Azul pálido en las paredes

Tiene un efecto relajante, es ideal. Este color se usa en decoraciones del hogar, principalmente en las paredes y techos. Tiene efecto calmante, curativo y relajante. No es tan sedante como el añil.

Se recomienda en cualquier habitación, salvo para salas de juego.

Paredes pintadas de verde

Este es el ideal para el estrés. Como se dijo antes, el verde es el color con propiedades relajantes. Tiene propiedades llenas de armonía y fomenta la tolerancia y el equilibrio.

Aunque, a la hora de decorar las paredes de casa de este color, se recomienda que se combine con otros colores para evitar que la sensación de equilibrio y armonía te lleve a parálisis e indecisión.

Espacios amarillos

Estos estimulan la fuerza mental. Es un color que promueve la sensación de alerta, dispara los estímulos y activa el cerebro. Por esto es apropiado para despachos o salas de trabajo.

No se recomienda para habitaciones, porque puede interferir el sueño y activar el cerebro.

El amarillo es un color prohibido a la hora de decorar la casa para esas personas que sufren de estrés o ansiedad.

Naranja para divertirse

El color naranja llena de energía, que estimula la creatividad, la sociabilidad y las ganas de divertirse.

Por eso al igual que el amarillo, si padeces de estrés no se recomienda que las paredes del dormitorio sean naranjas.

El rosa para calmar

Es un color que calma, ayuda a disolver la ira y fomenta el amor. Por esto es un color para paredes donde tenemos bebés y niños.

Paredes blancas

Es el comodín para los hogares. El blanco tiene todos los colores, la pureza de los pensamientos se evoca y nos da claridad.

Se puede usar en cualquier habitación, pero puede intimidad a algunos. Lo puedes romper con otro color o complementos como plantas, jarrones, cuadros, etc.

Training autógeno

Este entrenamiento es una técnica que fue desarrollada por el neurólogo y especialista en hipnosis Johannes H. Schultz en los treinta del siglo pasado.

La técnica tiene base en la concentración de sensaciones del cuerpo de la persona que la hace, logrando que tenga el poder de la imaginación.

Se usa actualmente en terapia, especialmente para tratar temas de ansiedad y psicosomáticos, permite aumentar los niveles de calma de la persona por medio de una tranquilidad y relajación duradera.

Este entrenamiento consiste en varios ejercicios que se tienen que ir aprendiendo progresivamente. Consisten en la concentración pasiva de las sensaciones del cuerpo. Por medio de sencillas instrucciones la persona va consiguiendo que las extremidades al inicio y el resto del cuerpo después, se relajen por las sensaciones de calor y peso.

En el momento en el que las extremidades se relajan, se tiene una sensación agradable de pesadez, de este modo el entrenamiento autógeno sugiere que para conseguir la sensación lo que debe hacer la personas es convencerse a sí misma por medio de la concentración, de que las extremidades pesan. De este modo, es el convencimiento interno de la propia persona la que logra la relajación en el cuerpo.

Así como lo indica el nombre, la técnica parte de la base del entrenamiento y por lo tanto se tiene que hacer progresivamente y constantemente para alcanzar los estados de bienestar que se quieren.

A pesar de que es una técnica sencilla se puede aprender en casa, se recomienda tener al inicio ayuda profesional que oriente el entrenamiento para que la persona sea capaz de llevarlo a cabo por sí mismo.

Consejos para hacerlo

En los ejercicios se tiene que ir repitiendo que estás en calma, o que estás tranquilo, además de las propias que uses. No tienes que entender esto como algo obligado, sino como algo que salga de tu corazón. Especialmente al inicio del entrenamiento, es complicado encontrar sensaciones enseguida, las frases con una meta a llegar, pero lo logras siendo paciente.

La posición inicial que se sugería es estando sentado en una silla cómoda como la posición de cochero. Tienes que tener relajación, ayudarte con los antebrazos sobre las piernas ligeramente separadas y dejando que las manos caigan entre ellas.

A pesar de esta indicación, si te sientes más cómodo puede hacerse estirado, intenta que no caigas en el sueño mientras te ejercitas.

El espacio sugerido es una habitación tranquila, sin ruidos del exterior que puedan distraer, con una luz tenue y temperatura a gusto. En el proceso se recomienda que las sesiones de aprendizaje se den por cinco minutos y se repitan tres veces al día, a medida que avances y con la suma de ejercicios el tiempo se amplía.

Algo que a menudo suele quedar olvidado es el fin de los ejercicios, cuando has logrado relajarte el ejercicio es que hagas una inspiración y estires las extremidades, como si acabaras de pararte. Abre lentamente los ojos para que evites mareos o sensaciones desagradables y te vas incorporando poco a poco, con pausa.

Primer ejercicio: pesadez

Es básico, es importante que lo hagas dominándolo a la perfección para ir al otro nivel.

- Te sientas o tumbas de una forma que te sea cómoda, intenta relajarte y sentirte cómodo.
- Cierra los ojos y te concentras en el brazo derecho.
- Repite mentalmente que el brazo derecho pesa, el brazo derecho pesa cada vez más.
- Repite las frases lentamente, unas seis veces.
- Cuando sientas que el brazo derecho de verdad pesa, repites mentalmente que te sientes totalmente tranquilo.
- Repite la frase varias veces.
- Finaliza el ejercicio inspirando profundamente, estira las extremidades, abre lentamente los ojos y te incorporas.
- Respira con normalidad en todo el ejercicio.

Este primer ejercicio se tiene que hacer unas tres veces al día, que no quite más de 5 minutos en total.

Al sentir que dominas por completo este ejercicio lo alargas hasta veinte minutos o más por sesión, añadiendo las otras extremidades.

Segundo ejercicio: Calor

- Ahora repite mentalmente unas seis veces que el brazo derecho está caliente, el brazo derecho cada vez está más caliente.
- Cuando sientes realmente que está más caliente, repite mentalmente que estás completamente tranquilo.
- Hacer ahora lo mismo con las demás extremidades.
- Termina el ejercicio inspirando profundamente, estira las extremidades, abre lentamente los ojos y te paras lentamente.
- Respira con normalidad en todo el ejercicio.

Mientras vas avanzando en este proceso, podrás sentir el calor que pasa por todo el cuerpo de manera que sientes la relajación.

Es importante que en caso de que tengas la tensión baja no hagas este ejercicio, porque puedes sentir maros desagradables.

Tercer ejercicio: pulsaciones

Cuando integres el ejercicio de calor en las extremidades vas a poder sacar el otro, este ejercicio es el más complicado de todos, porque requiere de un alto grado de atención para el cuerpo.

El ejercicio se hace a continuación del anterior de esta manera:

- Mientras te concentras en las pulsaciones del brazo derecho, repite mentalmente de dos a tres veces que el corazón late tranquilo.
- Repite los pasos 3 a 9 con el brazo izquierdo, la pierna derecha e izquierda.
- Termina el ejercicio, inspira, estira, abre lentamente los ojos y te incorporas lentamente.

A lo mejor a algunos les moleste la sensación de sentir su propio latido, si es ese tu caso, termina el ejercicio y vuelve poco a poco a él.

Cuarto ejercicio: la respiración

Cuando ya puedes detectar tus latidos, pasar al control de la respiración de esta forma:

- Focaliza la atención en la respiración y repite mentalmente dos o tres veces que tu respiración está tranquila y calmada.
- Ahora repite esto unas cuantas veces con el brazo izquierdo y las demás extremidades.
- Termina el ejercicio, inspira profundamente, estira las extremidades, abre los ojos lentamente.
- Respira normalmente en todo el ejercicio.

La idea aquí es que no intentes modificar la respiración, es decir, simplemente vas a repetir lentamente la frase de que tu respiración es tranquila y calmado y que poco a poco se irá calmando por sí misma. No busques respirar distinto a cómo lo haces siempre, porque podrías tener sensaciones desagradables de mareos o ahogos ligeros.

Si te pasa entonces para y repite más tarde.

Quinto ejercicio: el abdomen

Cuando consigues respirar controladamente, pasas al abdomen o plexo solar. Que es la red nerviosa que va por detrás del estómago. Lo haces así:

- Te fijas en el abdomen y repites mentalmente dos o tres veces que tu abdomen irradia calor.
- Repites los pasos con el brazo izquierdo, pierda derecha e izquierda.
- Terminas el ejercicio inspirando profundamente, estiras las extremidades y abres los ojos lentamente.
- Respira normalmente en todo el proceso.

En este ejercicio es importante que te imagines que el abdomen es una fuente de calor que irradia al resto del cuerpo. Las personas que logran dominar el ejercicio sienten una sensación de relajación profunda cuando llegan a él.

Sexto ejercicio: la mente

Este ejercicio es el de la mente, cando logras dominarlo la sensación de relación mental y física es total en la persona. Se hace focalizándose en una sensación de frescor en la mente y lo haces así:

- En este momento lo que haces es relajarte, te concentras en la mente, localizas en la frente y repites que tu mente está fresca.
- Finaliza el ejercicio inspirando profundamente y estirando las extremidades. abres los ojos lentamente.
- Recuerda que tienes que respirar normalmente.

A lo largo del ejercicio imagina que una brisa fresca sopla en tu frente, la sensación de fresco va a permitir que llegues a la relajación.

Como puedes ver este es un entrenamiento de relajación, s largo y no lo logras de un día para otro. Expertos dicen que puedes tardar hasta dos años en lograr estar en el ejercicio seis.

Así que la paciencia prima aquí, no quieras correr, a lo mejor con los dos primeros ejercicios ya te sientes relajado, si es así, y no quieres seguir, entonces te quedas en ese punto y disfrutas las sensaciones de la relajación.

A pesar de que puedes hacer esto solo, lo recomendable es que desde el tercer ejercicio lo hagas en presencia de un profesional que pueda guiarte hasta que lo domines.

Si quieres puedes contactar a algún profesional para que te oriente.

Kinesiología aplicada

La kinesiología es el lenguaje muscular con la que el kinesiólogo mantiene una conversación. Es un lenguaje que está directamente conectado con la inteligencia innata de los seres vivos. La kinesiología y el estrés y la ansiedad son una buena combinación, porque en la kinesiología se transmiten por medio del sistema nervioso y neurológico, creando un diálogo eficaz entre la persona y el kinesiólogo.

El dialogo se establece y nos marca el camino para seguir. Para apoyar el proceso, como es el caso de sufrir estrés. Es la brújula que nos lleva en la dirección adecuada para optimizar los recursos de energía y poder ayudar en los procesos.

La kinesiología trabaja distintos test musculares que hablan del hipotálamo, hipófisis, tiroides, pineal, sistema nervioso autónomo, estómago, timo, sistema emocional, etc. Con esto busca la mejor forma de apoyar en los cuadros de ansiedad, a nivel estructural, emocional o según como se vea la necesidad de la persona.

Veamos un ejemplo estructural: la técnica de subluxación y fijación

Por medio de la técnica se liberan vertebras que a la vez liberan presión en el sistema nervioso autónomo. Con esto se apoya y nutren nervios simpáticos y parasimpáticos, al a vez ayudan a los órganos y las vísceras que se conectan al sistema nervioso. Los chinos le dicen árbol de la vida a la columna vertebral. Ya puedes imaginar su importancia.

Ejemplo nutricional: técnica para las suprarrenales

Las suprarrenales que se agotan por la sobreproducción. La parte exterior de la glándula, que se llama corteza suprarrenal, produce hormonas de cortisol y aldosterona. La parte interior de la glándula, que se llama médula suprarrenal, produce hormonas de adrenalina y noradrenalina. El músculo sartorio es un músculo reflejo de la glándula y por medio de ella se puede saber qué nutrición le viene bien para mejorar el funcionamiento y la nutrición.

Ejemplo emocional

Muchos de los pasos que se tienen en la vida tienen componente emocional, como separaciones, el trabajo, relaciones toxicas, entorno, ser competitivo y mucho más.

En la kinesiología una de las técnicas más usadas son las flores de Bach que ya tocamos antes. Sin embargo, también hay puntos en el cuerpo que se llaman receptores del estrés. Cuando se piensa en un proceso que nos altera el cuerpo, lo refleja en una debilidad de los músculos, situación que el kinesiólogo aprovecha para hacer el dialogo y saber la mejor forma de apoyar el proceso.

Quiropráctica

La quiropráctica ayuda a las personas a corregir la interferencia que pueda haber en el sistema nervioso central del cuerpo.

El sistema nervioso central, el cerebro y la medula espinal, son responsables de controlar y coordinar la función del cuerpo y usa una vasta red de nervios, como unos cableados que se usan para comunicarse con las células y todos los órganos.

La medula espinal es el cable principal que lleva los mensajes desde el cerebro por los huesos móviles de la columna. Estas vertebras tienen como fin proteger los nervios que pasan por ellos, sin embargo, si uno de estos huesos está desalineado, puede tener efecto contrario. En vez de proteger el sistema, una vértebra desalineada puede ser un insulto a la médula espinal y los nervios que pasan por ella. en la quiropráctica de esta circunstancia es subluxación vertebral, la interferencia nerviosa que resulta podría alterar la función de una manera predecible e impredecible. Pero de cualquier manera una subluxación vertebral es perjudicial para el rendimiento del cuerpo. Para resumir, la subluxación en la columna interfiere con la función del cuerpo y evita que trabaje correctamente.

Debido a que la comunicación entre cuerpo y otras partes es esencial para regular la química del cuerpo, los efectos deletéreos son inevitables y difíciles de predecir.

Cuando el quiropráctico identifica una vértebra subluxada, este intentará corregir, en vez de tratar cualquier condición o enfermedad en particular. Esto es porque la función del sistema es elemental para la función optima del cuerpo. Si la función del cuerpo está bien, la condición o los síntomas de resuelven.

Para poder tratar esto, el quiropráctico no ofrece ajustes de quiropráctica para tratar la ansiedad, ataques de pánico o cualquier otra afección. Sin embargo, es clave que se cuestione algo, ¿Quién necesita que el sistema nervioso funcione bien más que una persona que sufre ansiedad y ataques de pánico? Los ajustes de quiropráctica precisos y específicos permiten un mejor rendimiento. Las personas que lo hacen notan cambios positivos en muchas condiciones que eran predecibles. Con la corrección de la subluxación vertebral, se ven mejoras aleatorias en muchas facetas de la salud.

La respuesta entonces es que la quiropráctica no es el tratamiento de las condiciones específicas, sino la de eliminar la interferencia en el sistema nervioso. Esto permite una comunicación adecuada entre cerebro y cuerpo. Mejora la función general adecuada entre cerebro y cuerpo, mejora la función general.

Más allá de la condición o los síntomas, lo recomendable es que se encuentre un quiropráctico que proporcione análisis espinal precisos y ajustes para las subluxaciones vertebrales.

Osteopatía

Las respuestas naturales del cuerpo ante los peligros son de luchar o huir. Son un mecanismo desarrollado evolutivamente para cuando enfrentamos situaciones que son malas. El sistema nervioso simpático responde en modo supervivencia liberando hormonas como el cortisol, que aceleran el corazón y la circulación.

Esto ayuda a que la sangre se desvíe de las funciones del cuerpo innecesarias como la digestión y las lleva a los músculos que la usan como combustible para llegar a mayor velocidad y flexibilidad. La osteopatía puede ser una solución para ayudar al cuerpo a redistribuir el corriente sanguíneo.

Que sucede en el cuerpo cuando se tiene ansiedad.

Los episodios agudos de ansiedad pueden ser cortos y por lo general resultado de una situación de estrés. Si no se tratan con cuidado, pueden durar meses o años. sin ser motivo de amenaza real. La gran mayoría de investigadores creen que sucede por plasticidad del cerebro y la incapacidad para responder con eficiencia.

El cerebro bloquea la multiplicidad de respuesta ante eventos potencialmente no deseados, relegando, la mayoría de veces el cuerpo se somete a cuadros de ansiedad, a emitir la misma respuesta porque sirve la memoria bloqueada. La ansiedad constante y no tratada puede llevar a aislamiento social y problemas serios de salud.

El bienestar psicológico y físico tienen una amplia conexión. Para poder tratar la afección, la gente acude a químicos como Valium, pero lo que la mayoría no sabe es que tiene efecto calmante en el cerebro, así como que caminan a la adicción del fármaco. Lo es tanto como la heroína. Además de los efectos secundarios comunes que pueden llevarla ingesta de estas medicinas, como complicaciones para pensar, mareos, perder la memoria, entre otros. normalmente se experimentan síntomas que se derivan de la abstinencia, aún peores que los mismos síntomas originales experimentados por los que se comenzó a tomar el Valium.

La osteopatía tiene un buen futuro, es bueno para tratar a los ansiosos. La disfunción psicológica puede tener un efecto devastador en la capacidad de funcionar correctamente en los tejidos del cuerpo.

Es una herramienta útil para tratar la ansiedad u otros trastornos que derivan del estado de ánimo. Esto es porque interfiere directo en la interconexión entre mente y cuerpo. Cuando hay restricciones dentro del cuerpo, sean sutiles o no, la tensión que se ejerce en el sistema nervioso aumenta la liberación de neurotransmisores que excitan y esto potencia el nivel de ansiedad.

El tratamiento se sirve de técnicas diversas para restablecer el movimiento funcional de los tejidos y el suministro de la sangre que a la vez facilita la óptima transmisión nerviosa. Cuando un osteópata trata la ansiedad tiene en cuenta factores como dieta, ejercicio, síntoma físicos que se manifiestan y las restricciones fisiológicas en la función neurológica.

Ente enfoque integral hace de la osteopatía al menos una opción a tener en cuenta. Competente como algunos tratamientos occidentales. Mejor que el químico.

Reflexoterapia podal

En las terapias alternativas para la ansiedad, tenemos la reflexología podal. Ella es capaz de regular muchos de los síntomas. Es capaz de relajar todo el sistema entérico o digestivo a un nivel más profundo. Reduce muchos de los síntomas.

El chakra del plexo solar es el que se ve más afecta en las crisis de ansiedad, porque cuando hay hiperventilación la persona retrae el diafragma para quedarse con respiración superficial alta y rápida, que lleva un aporte excesivo de oxígeno hacia el cerebro y puede llevar hasta a desmayos.

Es un chakra que se relaciona con el elemento fuego, y se halla en la columna, entre la última vertebra dorsal y las primeras lumbares. La proyección adelante se ubica a la altura del ombligo o un poco más arriba.

El generador de prana, la energía vital que ayuda a mantener la vida. Se relaciona con el fuego digestivo, el plexo solar y las cápsulas suprarrenales. Esto da una idea de porqué desatan la ansiedad y cuadros de pánico.

Cuando una persona vive una situación constante de estrés, entre el chakra manipura y los pies están también con una relación, porque este se sitúa en la columna de la que salen cadenas de ganglios simpáticos, neurovegetativos que inervan los pies.

Durante la respiración se hace control del sistema nervioso autónomo gracias a una estructura que se halla en la zona interna de las fosas nasales y que regula los iones del aire que entran, positivo o negativos y alimentan la energía de los dos nadis Ida y Pingala, canales que a la vez nutren el canal central Sushuma, que sube desde el primer chakra e la base del coxis hasta la cabeza.

La persona que hace yoga sabe la importancia que tienen estos canales y cómo la respiración los mantiene equilibrados. Esta es una disciplina milenaria, el sol y la luna son la dualidad de fuerzas que actúan en nosotros. Pingala se representa por el sol y conduce la fuerza vital, Ida está representado por la luna y lleva la fuerza de la mente.

Ambo actúan en intervalos de dos horas a lo largo del día, se marcan por la respiración Ida se liga a la fosa nasal izquierda, al sistema nervioso parasimpático y controla el hemisferio derecho del cerebro. Pingala se liga a la derecha, al sistema nervioso simpático y controla el hemisferio cerebral izquierdo. Es importante el equilibrio entre los dos.

Uno de los puntos reflejos del pie que más influye en el tratamiento de la crisis de ansiedad es donde se ubica el chakra del plexo solar. Se bica en la planta, donde está el duodeno y el páncreas en reflexotera-pia. El presionarlo con fuerza y permitir que el pie se mueva suave-mente, liberando la fascia, ayuda a que se siente cómo todo el sistema digestivo se libera a un nivel profundo.

Al hacer esta técnica en tratamientos, se sienten agradables sensacio-nes, cede la tensión en el estómago, la energía asciende como ola hasta la cabeza. Es trabajar el tercer chakra y ascender en energía a los centros superiores.

Ejercicio

Para poder masajear los cuatro puntos ubicados en el pie que van a hacer que te sientas mejor. Vamos a hacer una sesión de automasaje en un entorno tranquilo. Usamos crema hidratante en la planta de ambos pies con movimientos como se amasado por la zona.

El primer punto que vamos a amasar es el que está en el plexo solar, lo encontrarás fácil si deslizas fácilmente el dedo pulgar de la mano por la parte gordita del dedo gordo, siguiendo el hueso hasta que termina en la planta del pie. Esta zona se ubica justo donde acaba la planta del pie. Donde acaba el hueso del pulgar de casa pie, es el centro de relajación del cuerpo. Para poderlo tratar tienes que presionar con el dedo pulgar haciendo presión y círculos. En situaciones normales con un minuto de masaje en esta zona es suficiente. Pero si hay ansiedad se puede alargar la estimulación por unos cinco minutos.

Puedes hacer un buen masaje de pies presionando los puntos adecuados, es todo lo que necesitas para relajarte un poco. Luego trazas la línea recta mental desde el punto en el que nos encontramos hacia abajo, donde comienza el talón. Haces la presión en línea recta descendente y ascendente y logras rebajar la activación del sistema nervioso.

El otro punto de atención es en el dedo gordo. Trabaja desde la base de ldedo gordo trazando líneas rectas hasta la zona superior de este, donde termina la uña para luego masajear el lateral del dedo del pie de abajo para arriba. En la parte de arriba del dedo nos encontramos en el punto reflejo del cerebro y manejarlo es eficaz si andas rumiando pensamientos.

Para terminar, deja la planta del pie para irte a masajear la cara interna, desde el tobillo hasta el dedo gordo. En esa línea a línea imaginaria la parte más cercana al dedo gordo se corresponde con las cervicales, las que más sufren en momentos de tensión. Ir sobre la línea del hueso del dedo gordo al tobillo y el tobillo al dedo, esto ayuda a relajar las cervicales y el sistema nervioso central.

LA MEDITACIÓN COMO HERRAMIENTA PARA SUPERAR LA ANSIEDAD

*L*a meditación se ha practicado por miles de años. inicialmente se usaba para ayudar a profundizar la comprensión de lo sagrado y las fuerzas místicas de la vida. Hoy en día se usa para relajarnos y calmar la ansiedad y derivados.

Se considera un tipo de medicina complementaria para mente y cuerpo. La meditación puede producir un estado de relajación profundo y una mente en tranquilidad.

Mientras meditas, te concentras en eliminar el flujo de pensamientos confusos que pueden llenar la mente y causarte estrés. El proceso es un realce del bienestar físico y emocional. La meditación te puede dar la sensación de paz, calma, equilibrio que puede beneficiar en el bienestar del cuerpo y la salud.

Dentro de los beneficios encuentras:

- Otra visión sobre situaciones que te estresan.
- Maneras de ver el estrés.
- Aumento de la autoconciencia.
- Concentrarse en el ahora.

- Reducir las emociones negativas.
- Aumenta la imaginación y creatividad.
- Tienes más tolerancia a las cosas.

Veamos en este capítulo cómo la meditación te ayuda con la ansiedad, así como a saber usar la respiración de manera consciente, trabajar el sexto chakra y relajar los músculos, así como saber aprovechar el poder de la visualización.

Mantras para serenar la mente

Los mantras pueden ser un remedio ideal para serenar la mente. Desde su origen en la remota India del os brahmanes y los yoguis, los mantras son instrumentos mentales de liberación. Para algunos ese es el signifi- cado etimológico, tanto en el budismo como el hinduismo, tienen funciones litúrgicas, similar al que se emplea en ceremonias católicas, pero con el tiempo se han usado para otros fines, como este, que es en la ansiedad.

Te sugiero este tipo de mantra, ideal para que lo uses solo y que te serenes, lo puedes aplicar cuando estés en el proceso de meditación, mientras inhalas y exhalas, manteniéndote desconectado, puedes emitir este mantra y conseguir doble efecto en la búsqueda de aliviar la ansie- dad. También lo puedes poner en marcha cuando estés en un episodio.

ra ma da sa say so hung

Este es un mantra que se compone de palabras en sánscrito para la energía del sol, energía de la luna, energía terrenal y la energía del universo. Además, tiene las partículas say y hung, aluden al hecho de que la energía infinita tomar cuerpo en nosotros, con lo cual vibra y nos hace formar parte de ese flujo del universo. Es un mantra de cura- ción integral.

ajai alai

Este es un mantra que se traduce como indestructible o invencible y se le asocia con frecuencia no con el poder tal como lo entendemos, sino el que emana desde dentro de nosotros como parte de la divinidad. Se le considera un mantra de sanación mental.

pavan guru

La respiración es la que manda, eso es lo que nos dice este mantra. Pavan es la respiración divina que todos ponemos en marcha a diario y guru se refiere al conocimiento que transforma la mente, las emociones y la esencia. En la respiración está la sanación buscada. Este es un mantra que se usa para conseguir revitalizar la energía.

ang sung wahe guru

Este es un mantra lleno de mucho poder, tiene un significado que alude a la energía del Todo y danza en las células y miembros. En la conciencia individual que emerge con la conciencia universal. De ahí que se le considere un mantra con efectos curativos en las células.

Otras frases que puedes usar cuando tengas ansiedad

El dolor es inevitable, el sufrimiento es opcional

Uno de los fundamentos del budismo y de la vida es que no se puede eludir el dolor, vivir sin experimentarlo, pero la diferencia está en cómo nos situamos con este, la actitud que se usa.

Esto también pasará

En la vida todo es pasajero, transitorio, aunque ahora mismo parezca que no.

El dolor no lo es todo

Rumi, el poeta místico persa escribe "No eres una gota contenida en el océano. Eres todo el océano contenido en una gota". La idea es que cuando las emociones como dolor, ansiedad o tristeza nos agobie, cuando aparece, hay que cubrir todo nosotros somos más que eso. Somos alegría y felicidad, enojo, somo los 20, 30 o 40 años de edad que tenemos. Somos las relaciones que hemos hecho y somos conciencia del universo.

Esto es solo un momento

En el sentido de lo transitorio que más que el tiempo, que nada lo detiene, aun cuando parezca que no puedes hacer nada contra la ansiedad, pero solo parece. El tiempo hace lo suyo, transcurre, hace pasar ese momento.

No estoy solo/a en esto

La sensación de compañía también es una defensa contra la ansiedad. Aunque la etapa te haga sentir en aislamiento, lo cierto es que, junto a ti, siempre hay una persona, toda la vida la has recorrido tejiendo relaciones a las que puedes acudir en momento difíciles.

Cómo trabajar el sexto chakra

Ajna es el sexto chakra, se conoce como tercer ojo, se ubica en la zona del entrecejo y se relaciona con la capacidad que tenemos para liberarnos gradualmente de las limitaciones que nos ponemos nosotros mismos y ver el contexto amplio y verdadero que tenemos.

Si la energía se equilibra y fluye, se está más abierto a la percepción psíquica y el sentido de la intuición se habrá desarrollado. Haciendo meditación o yoga se comienza con el trabajo de este chakra. Se dice que es más fácil armonizar los chakras inferiores si este ya se ha equilibrado. La energía del sexto chakra se puede desequilibrar y causar mareos, inestabilidad endocrina, migrañas, mala visión o sinusitis. Es posible también que dé paso a la confusión mental, arrogancia intelectual, falta de sueño o desconexión de la realidad o alucinaciones.

Se pueden hacer asanas de yoga, como la postura perfecta o Siddhasana, la postura fácil o Sukhasana, la postura del niño o Balasana. Por lo general la meditación sentado y otras que llevan la frente al suelo, ayudan con este chakra.

Nasagra Drishti

Significa mirada o visión. Tiene que ver con el punto de atención o foco en el que descansamos la mirada durante la meditación o las asanas. Los dristhis buscan cultivar la mirada interna que nos facilite estar presentes en la práctica. Siéntate en postura de meditación que nos facilite estar presentes en la práctica. Te debes sentar en postura de meditación y dirigir la mirada a la punta de la nariz, mantén los parpados medio abiertos por diez segundos, luego los cierras y relajas los ojos. Puedes hace varias vueltas llegando hasta un minuto, siempre que no sientas tensión en los ojos.

Meditación Bhuchari

Si andas con gafas o lentillas de contacto, el consejo es que te las quites previo a comenzar. Te sientas en postura de meditación, frente a una pared blanca, lleva el pulgar de la mano derecha al centro del labio superior y relaja los dedos índice, corazón y anular a la vez que estiras el meñique para afuera. Enfoca la mirada en la punta del dedo meñique intentando no parpadear. Haz esto por cinco minutos y luego relajas la mano, pero sigues mirando donde estaba la punta del dedo meñique. Hazlo por unos veinte minutos y repite varas veces por días seguidos. Esta es una técnica que limpia los ojos, conductos lagrimales y senos.

Afirmaciones

Te debes sentar en postura de meditación, repite internamente, mi mente se siente fuerte, bien enfocada y alerta. O que confías en los mensajes que recibes de tu ser superior por medio de la intuición.

También puedes aprender a analizar los sueños, es una buena forma de conectar con el chakra y equilibrar la energía.

Aprende a relajar los músculos

Seguramente has tenido dolores de espalda y cuello cuando andas con estrés o ansiedad. Esto es porque cuando padeces de este problema, una de las formas que tiene el cuerpo para responder es con la tensión muscular. La relajación progresiva de los músculos es ideal para que comiences a aliviar esta tensión.

Los puntos clave a tener en cuenta:

- En la relajación progresiva de los músculos vas tensando los músculo, cuando inhala, y los relajas cuando exhalas trabaja los grupos de músculos en un orden determinado.
- Cuando el cuerpo está físicamente relajado, no puedes sentirte ansioso, el que hagas relajación progresiva de los músculos por unas semanas, te va a servir para que mejores esto y con el tiempo podrás usar el método para aliviar el estrés.
- Cuando comienzas por primera vez, puedes poner un audio para que aprendas todos los grupos de músculos en orden. Puedes acudir a la biblioteca local o a una librería para que obtengas grabaciones sobre relajaciones progresivas de los músculos.
- En caso de que tengas problemas para dormir, este método puede servir para que lidies con los problemas de sueño.

El método para hacerlo

Puedes como se dijo, usar un audio o poner algún video de YouTube que tiene sonidos para todo. Así podrás concentrarte en cada grupo de los músculos o puedes aprender el orden de los grupos de músculos y hacer los ejercicios de memoria. Elige un lugar donde no te interrumpan y te pones boca arriba y donde te puedas estirar fácilmente, puede ser en el piso o en la alfombra.

- Comienza inhalando y tense el primer grupo de músculos, fuertemente, pero sin que llegues al punto donde te duele o le dé calambre. Lo sostienes por unos diez segundos.
- Exhala y relaja el grupo de músculos de esa zona, lo haces de manera repentina y completa, no relajes gradualmente, es algo como tensar y soltar.
- Vas a relajar por unos veinte segundos antes de irte a trabajar con el siguiente grupo de músculos. Nota la diferencia entre cómo se sienten los músculos cuando los tienes tensos y cómo se sienten relajados.

- Cuando termines con todos los grupos de músculos, cuenta de 5 a 1 para volver a traer la concentración al ahora.

Cuando has aprendido cómo tensar y cómo relajar cada grupo de músculos, puedes probar más cosas, cuando tengas los músculos tensos, puedes tensar y relajar esa área del músculo sin pasar por todo el proceso.

Ten una lista de los grupos de músculos en orden y cómo tensarlos. No olvides hacer esto acostado.

- Para las manos lo que tienes que hacer es apretarlas, es decir, cerrar los puños y aplicar un poco de fuerza. Luego sueltas relajando la mano, no dejándola abierta y templada.
- Muñecas y antebrazos los tienes que extender, vas a doblas las manos desde la muñeca.
- Los bíceps y la parte superior del brazo, vas a apretar las manos formando un puño, doblas los brazos a la altura del codo y flexionas los bíceps.
- Para los hombros lo que hará simplemente es encogerlos, esto es sencillo, los subes hacia las orejas y los bajas.
- La frente la trabajas frunciendo el ceño con fuerza, como si exageraras enojo.
- Alrededor de los ojos y el puente de la nariz lo trabajas cerrando los ojos todo lo que puedas. Te quitas los lentes de contacto o las gafas cuando hagas esto.
- Para las mejillas y la mandíbula lo que harás es sonreír lo más ampliamente que puedas.
- Alrededor de la boca es trabajo apretando los labios fuertemente. Verifica en este proceso que el resto de la cara no esté tensa. Solo usarás los labios.
- En la nuca vas a presionar la nuca contra el suelo o contra el piso o una silla.
- Frente del cuello lo trabajas tocando el pecho con la barbilla, intenta no crear tensión en el cuello ni en la cabeza.

- Para el pecho tienes que respirar hondo manteniendo la respiración de 4 a 10 segundos.
- Para la espalda, tienes que arquearla hacia arriba, la separas del piso.
- En el abdomen, lo tienes que sumar con fuerza, revisa el pecho y el estómago para que detectes tensión.
- La cadera y los glúteos los contraes con fuerza.
- Los muslos también los trabajas apretándolos fuertemente.
- Finalmente, las pantorrillas las trabajas apuntando con los dedos de los pies hacia la cara, luego apunta en la dirección opuesta y los arqueas hacia abajo a la vez, tienes que verificar que el área de la cintura hacia abajo no esté tensa.

El poder de la visualización

El lograr objetivos personas y profesionales exige que se tenga determinación, seguramente hay momentos donde flaqueas o sientes la sensación de que no los puedes alcanzar por no tener capacidad o voluntad. Si te pasa esto, considera usar el poder de la visualización para lograr lo que te propongas.

Debes liberar la creatividad y elevar el potencial de la mente con la finalidad de que los sueños y metas profundos los puedas hacer realidad por medio de la concentración enfocada. Es como soñar despierto, pero con la intensidad para que los logres materializar.

Dicen que el cerebro no puede diferenciar con precisión entre lo que sucede en el mundo real y lo que pasa dentro de la cabeza. La actividad neuronal es la misma. Por lo dicho anteriormente, no eches en saco roto el poder de la visualización porque lo puedes aplicar en varias áreas de la vida, no solo para la creatividad sino para que hagas planes, llevar a cabo proyectos personales o hacer cualquier tarea de manera eficiente.

Hay dos tipos de simulaciones que tienes que aprovechar por igual, la de proceso y la de resultados. La primera es la que imagina los pasos que vas a seguir para lograr objetivos y la otra se refiere al resultado final. Tienes que ir por todo, imagina con detalle el futuro. Obtener lo mejor de la visualización exige intensidad emocional, imagina con detalle el momento que quieres vivir, si quieres un resultado positivo en un proyecto, tienes que visualizar que aplaudes y te sientes emocionado, además de que sientes confianza para resolver el tema. Eres experto y puedes resolver las dudas que tengas. Permite que la experiencia se haga realidad en ti.

Del mismo modo tienes que exponerte a situaciones que asemejen lo que te propones como un logro. Si sueñas con dar una conferencia de éxito en un congreso con más de mil personas, pero nunca has dado una, entonces puedes hacer charlas entre amigos o con poca gente para que la sensación te vaya permeando.

Para trabajar la visualización puedes cada día darte la oportunidad para estar solo, en algún sitio donde sientas esto, puedes hacer:

- Ver una foto, analizarla y memorizarla. Luego cierra los ojos y recuerda todo lo que viste. Deja que la imagen cobre intensidad en la mente, si pierde fuerza vuelve a verla y repite el ejercicio, ya mejorarás con la práctica.
- Protagoniza una escena favorita, por ejemplo, quieres una cita perfecta, usa los sentidos para hacerte la película en la mente. Huele su perfume, saborea alimentos, escucha conversaciones de quienes están atrás de ti, ve lo que dicen.

Además de que te apoyes en la imaginación, pon de tu parte para que aprendas habilidades o conocimientos que necesitas para lograr las metas. Integra un plan de aprendizaje y establece cronogramas. Lo pones por escrito con la intención de que el compromiso sea mayor.

Finalmente, no permitas que las creencias limitantes se apoderen de ti, al contrario, genera confianza para que creas que puedes lograr las cosas que planees no dejes que nada se interponga en el camino.

Ni siquiera la ansiedad y por eso es bueno que aprendas a usar la visualización para controlarla.

La visualización es una herramienta sumamente útil que te permite encontrar mejor control de la mente, de las emociones y del cuerpo, así como el lograr aliviar la tensión muscular, como técnica de concentración para controlar y eliminar el dolor, para poder potenciar el éxito de muchas técnicas cognitivas, para mejorar la memoria, desarrollar la confianza y aumentar la actitud positiva entre otras cosas. No es otra cosa que aprender a relajarse e imaginar las cosas de manera vívida. Es conocer de la manera más realista posible y aportar todos los detalles que se puedan incluir a la vez que generamos el control de las emociones, sensaciones y comportamientos.

Dado el amplio abanico de beneficios que ofrece el desarrollo de técnicas de visualización, es que consideramos importante el poder implementarlas con los estudiantes, comenzando de manera guiada, para que luego puedan usarlas de manera autónoma para mejorar así la calidad de vida futura. Conociendo y dominando herramientas que sirvan para lograr mejor armonía entre la mente y el cuerpo.

Técnicas a tener en cuenta

Hoy en día es aceptado ampliamente que imaginamos constantemente. Sin embargo, la imaginación más común se constituye por imágenes malas de inseguridad, desconfianza y orientadas hacia el fracaso y la enfermedad. Por lo general solemos anticipar e imaginar consecuencias malas, pero nos cuesta imaginar que todo saldrá bien o que solventaremos un problema.

Las emociones están precedidas y seguidas por imágenes. El estrés crea percepciones e imágenes negativas. Los pensamientos, las visualizaciones positivas, hacen que la mente a la vez cree sustancias para sentirse a gusto, como el neurotransmisor llamado serotonina.

El uso de la visualización como una herramienta terapéutica es antiguo y de hecho es algo que practicamos todo el tiempo, pero no hacemos consciencia de eso. Si pasas un tiempo pensando en el mañana e imaginando cosas buenas y malas que podrían pasar. Eso es visualizar. Entonces, si lo puedes hacer inconsciente también lo puedes hacer de manera consciente. Hay que enfocar la atención en lo que quieras.

Fue en el año 1971 cuando el doctor Carl Simonton, oncólogo y director médico del centro del consejo de investigación del cáncer en Texas, es pionero en el uso de las visualizaciones junto con el tratamiento médico tradicional.

Enseñaba a los pacientes a visualizar una batalla librándose en los cuerpos, donde los glóbulos blancos mataban células malignas que encontraban. Los pacientes imaginaban a continuación cómo desaparecían los tumores y cómo recobraban salud radiante. Esto no quiere decir que la visualización cure por sí sola, pero poner la mente con imágenes creativas proporciona muchos beneficios. Actualmente se conoce que la visualización es efectiva para el estrés y enfermedades físicas, incluida la migraña, espasmos musculares y dolor crónico.

Muchos investigadores saben que tienen un papel clave en programas de tratamiento para muchas enfermedades. También se ha demostrado que mejora la memoria, desarrolla la confianza en uno mismo y en actitudes positivas.

Las técnicas de relajación se basan en la imaginación, ellas proponen la visualización mental de situaciones, las sensaciones y emociones como vía para llegar a la relajación. Por medio de instrucciones verbales se lleva al organismo a experimentar mentalmente estados tranquilos, de relajación mental. Se recomienda ante síntomas físicos y cognitivos relacionados con el estrés. En la preparación para actividades que piden esfuerzo y afrontamiento de situaciones estresantes relacionados con estímulos claves para recuperarse luego de actividades de afrontamiento.

Los pensamientos producen resultados, si tenemos pensamientos ricos en creatividad, se tienen resultados llenos de creatividad. Si los pensamientos son malos, tendrás resultados malos ten claro que cambiar la forma en la que ves las cosas es clave para que puedas ver el mundo como quieras.

La visualización es una herramienta útil para encontrar control mental de las emociones y el cuerpo, así como para los cambios de comportamiento.

Significa aprender a relajarse e imaginar los diferentes puntos o situaciones de la forma más realista posible, aportando los detalles que se puedan por medio de sensaciones y comportamientos.

Es el uso consciente de la imaginación aplicada en la vida en el día a día. Esto con el propósito de alcanzar objetivos, superar obstáculos, ampliar conocimiento de nosotros mismos y mejorar la calidad de vida.

Es un proceso de reactivación de experiencia sensorial y emoción, que permite poner recursos acumulados al servicio de proyectos futuros. En la visualización se representan escenas donde se participa de manera activa. No solo es imaginar sino proyectar el lugar donde se hace la acción. Se pone en marcha cada uno de los sentidos que compromete la situación real de forma que nos hallamos viviendo situaciones como se desea.

Gracias al uso de la visualización podemos explorar muchos campos. Los problemas que tenemos se albergan en el miedo a lo desconocido. Con la visualización podemos imaginar situaciones y las podemos cambiar, así establecemos los comportamientos. Es un modo de practicar de manera activa. Cuando llegue una situación real tendremos más seguridad para actuar.

Campos de aplicación

- Control para el dolor, como migrañas o post operatorios.
- Curación de enfermedades, más que eso para optimizar los resultados.
- Logro de objetivos, muy usado en deporte.
- Afrontar estados emocionales negativos, estrés, ansiedad, depresión.
- Conseguir estados de relajación.

A tener en cuenta:

- Las imágenes son particulares en cada sujeto, cada uno de nosotros tenemos imágenes propias.
- Hay que hacer un entrenamiento en imaginación previo si eres de las personas que cuesta imaginar.
- La eficacia de esto depende del deseo, la confianza y la aceptación que se tenga de ellas, claro, también de la práctica continuada.
- Tenemos que empezar haciendo ejercicios de respiración profunda, en un estado de relajación y paz.
- Hay que mantener los ojos cerrados e implicarse en el ejercicio de manera activa.
- Con una sesión de visualización se finaliza de modo gradual. Primero, se deja de manera deliberada que la imagen se esfume, luego se vuelve a dirigir la atención lento a la habitación donde está tendido, se abren los ojos. Durante los pocos minutos que siguen da a las extremidades un estiramiento suave y luego se reemprende la actividad normal.

Para entrenar la imaginación

Algunas personas tienen facilidad para visualizar, son las que tienen por costumbre fantasear o una gran imaginación. A otras personas no se les da fácil poner imágenes en la mente, normalmente cuando se encuentra un paciente que tiene problemas, lo primero que hace es entrenarse la imaginación por medio de ejercicios con sencillas imágenes.

Los cinco sentidos

La vista:

Intenta imaginar por veinte segundos cada una de estas imágenes:

- Una forma, círculo, triángulo, rectángulo.
- Un tronco

- Un gusano
- Un botón
- Un pedazo de cabello.

Oído:

Imagina esto:

- Viento que sopla entre los árboles entre los juncos del río, entre las sábanas de alambre para tender la ropa.
- Timbre de un móvil.
- Personas distintas que dicen tu nombre.
- El sonido del galope de un caballo en distintas superficies, como madera, empedrados, arena dura, barro…
- Tráfico
- Escalas de un piano.
- Agua que fluye, olas de mar, cascadas.

El olfato:

Vas a evocar lentamente uno por uno con estos olores:

- Humo de gasolina.
- Menta, tomillo, cando lo pisas.
- Aroma de azahar, jazmín
- Cloro.
- Pan salido del horno.
- Hierba recién cortada
- Vainilla

El gusto:

Imagina el gusto de coles de Bruselas, plátano, higo, chocolate, azúcar, uvas, mayonesa, dentífrico.

Tacto:

Evoca estas imágenes táctiles:

- Estrechas una mano
- Permaneces descalzo sobre arena seca y suelta.
- Sostienes guijarros suaves.
- Tocas paletería levemente
- Enhebras una aguja
- Acaricias telas lustrosas, arpillera o terciopelo.

Temperatura:

Imagina sensaciones de frío o calor.

- Bebes algo caliente.
- Tomas el sol.
- Andas por la nieve.
- Pasas de una habitación fría a una cálida.
- Tienes en las manos un cubo de hielo.
- Te metes en una tina de agua caliente.

Sentido kinestésico: este es un sentido de percepción del movimiento y posición del cuerpo. Te sientas llevando a cabo una forma de actividad como:

- Serrar madera.
- Correr sobre la hierba.
- Nadar.
- Lanzar una pelota.
- Remover un jarabe
- Lanzar una pelota
- Colgar un abrigo en un gancho
- Ascender por una duna arenosa.

Ejercicios de visualización

El ejercicio con la naranja:

Ponte cómodo en un sitio calmado, donde no vengan a interrumpirte, por un momento te evades de los problemas y te concentras en ti mismo.

Ahora piensa en una naranja e intenta percibirla en todos los sentidos.

Vista: piensa en la apariencia externa de la naranja, mira el color, la forma, el tamaño, detente a mirar la piel, fíjate en los detalles, en el aspecto de la naranja por dentro, como es el interior de esta y cómo es la naranja.

Oído: piensa en el ruido cuando quites la cáscara de naranja y luego en el que se produce al separar los gajos. Imagina el ruido que reproduce cuando muerdes.

Olfato: imagina el aroma sutil que desprende la fruta previo a ser pelada, luego el olor más intenso cuando la pelan y parten. Trata de captar el aroma del jugo.

Gusto: lleva un gajo a la boca, siente el sabor, antes y después de morder, también recuerda el sabor del zumo, ahora percibe el sabor de un caramelo de naranja. Siente la diferencia de sabores.

Tacto: palpa la cáscara y nota la diferencia entre el interior y exterior. Presta atención al tacto de los gajos, a la capa de piel fina, siente el contacto de los gajos entre los dedos y con los labios.

Visualización de un paisaje

- Imagina que vas por la calle, por un prado de hierba verde ubicado entre las montañas nevadas.
- Mira las montañas alrededor, son altas, ves cómo contrasta el blanco de la nieve con el intenso color del cielo. Es mediodía, brilla un sol radiante y luminoso. Ve el verde de la hierba, el blanco de la nieve, las montañas y el azul del cielo.

- La temperatura tiene que ser agradable, no hace ni calor ni frío, sopla una brisa templada que roza la piel de la cara.
- Al caminar notas, porque vas descalzo, el roce de la hierba fresco y húmedo.
- Vas despacio, deleitándote de todo lo que ves y sientes a tu alrededor.
- Tienes una sensación de paz y tranquilidad.
- Oyes el cando de los pájaros y los ves volando alrededor.
- Mira ahora en las plantas, flores y hierbas que hay alrededor. Pequeñas flores de colores vivos, amarillas, blancas, naranjas, azules. Las hueles. Corta una flor, la acercas a la nariz. Siente el aroma mientras te concentras en el color de los pétalos.
- Sigue caminando despacio, sin prisa, disfruta el paseo.
- Mira el riachuelo de agua que baja de las montañas, que forma pequeños arroyos, donde las aguas saltan, corren y forman pequeñas cascadas y pozas tranquilas. Concéntrate hasta que escuches el murmullo de las aguas.
- Te acercas a un arroyo, te agachas y metes las dos manos unidas dentro del agua para recoger y beber. Siente la frescura en las manos, dirígelas a la boca y toma.
- Siente el agua fresca, limpia, pura, cristalina que entra en el interior del cuerpo. El agua revitaliza todo el organismo y sientes salud y bienestar.
- Sigue el paseo, te fijas en la planta de menta, te acercas y cortas unas hojas. Las masticas, percibes el fuerte olor a menta.
- Para terminar, buscas un sitio en ese lugar donde puedes echarte cómodo. Te tumbas y descansas, cierra los ojos y percibe los ruidos, temperatura y olores. Descansa profundamente.

Describir un espacio significativo

Busca un sitio calmado donde no te molesten, con una intensidad de iluminación baja, toma una postura donde te sientas cómodo. A continuación, puedes intentar recordar un lugar que conozcas bien y que se transmita tranquilidad, donde te sientas cómo con todos los detalles y sentidos.

Visualiza donde te encuentras ahora. Los elementos que hay, si hay gente alrededor, los colores que ves en el paisaje, las sensaciones corporales, como que, si hace frío o no, si notas el viento…

Siente los olores alrededor, si hay algún sonido, los elementos que hay alrededor. La textura que tienen, una vez que haces esto, todas las sensaciones dejan el lugar poco a poco, haz varias respiraciones profundas antes de salir de relajación.

Uso de una tensión

Busca una posición cómoda con los brazos a los lados, con las piernas siendo prolongación del vientre:

- Cierra los ojos.
- Entra en contacto con un foco de tensión que tengas en el cuerpo.
- Imagina la forma que tiene
- Si quieres lo asocias con una imagen.
- Puede que sea un nudo, tenazas o la forma que quieras.
- Cuando identifiques la tensión, aumenta, siente cómo lo hace.
- Si quieres imagina ahora que puedes soltar o aflojar el nudo o esa herramienta
- Que llegue la sensación de bienestar
- Instálate en la sensación de bienestar.
- Deja que te arrastre al interior
- Tómate unos instantes para disfrutar y apreciar las sensaciones del cuerpo libre de tensiones.

Luz blanca

Ahora que andas un poco más calmado vamos a comenzar con la visualización, trata de imaginar un foco de luz blanca sobre la cabeza. Como los que se usan para iluminar filmaciones.

Es una luz blanca, brillante, casi que es dorada, baña tu cuerpo, pero no te deslumbra, es como una lluvia que cae sobre ti. Puedes sentirla cayendo sobre la piel, entrando en el cuerpo por los poros. Se mete en los músculos, llega a la medula, a los huesos.

La luz produce limpieza, cuando pasa por el cuerpo arrastra y se lleva la tensión muscular, también se lleva sentimientos de emoción negativa como miedo, angustia o preocupación. Puedes notar la lluvia de luz bañándote desde la cabeza y con ella todas las impurezas.

El día perfecto

En una posición relajada con los ojos cerrados y respirando suavemente. Estás en la cama, relajado, comienzas a despertar. Es la mañana de un día perfecto, sin estrés, un día en el que te invade una sensación de paz y satisfacción desde la mañana a la noche.

En la imaginación, lentamente abres los ojos, miras alrededor, ves el aspecto del dormitorio. Si hay algo allí o no, poco a poco, te levantas de la cama, inicias la rutina de la mañana en el día perfecto, sin estrés, si estás en el trabajo o en un sitio que te gusta, lo que haces.

Llega la hora de cenar, mira lo que comes, y mira si tienes al lado a otro o no.

En la noche de este día sereno y sin estrés, lo que hay alrededor, lo que haces ahora.

Finalmente llega la hora de dormir, te sientes a gusto, en paz, estás en la cama con los ojos cerrados, percibes una sensación cálida, sosegada, pesada. Concilias el sueño mientras reflexionas sobre lo visto y experimentado en ese día perfecto y sin estrés.

Ejercicio para relajar la mente

Son muchas las situaciones donde la mente se ve tan atareada que cuando nos correspondería descansar no somos capaces de hacerlo porque no paramos de pensar.

Esto es un problema, especialmente con actividades mentales que ni siquiera nos dejan dormir bien.

Lo primero que tienes que hacer es buscar un sitio tranquilo donde nos podamos acostar. El ejercicio se hace con la habitación a oscuras y ojos cerrados. Una música a gusto con un poco de incienso puede usarse para favorecer la relajación.

- Respira tres veces profunda.
- Elimina la tensión del cuerpo y lo vas relajando desde los pies a cabeza.
- Toma el tiempo que necesites.
- Visualiza el cerebro, imagina que tiene dos puertas.
- Visualiza que las dos puertas están abiertas y los pensamientos que entran por la puerta de la izquierda y se van por la puerta derecha
- Es momento de cerrar la puerta izquierda impidiendo que un pensamiento pueda entrar al cerebro.
- Centra la atención en los que todavía están en la mente. Vete despidiendo y observando cómo salen por la puerta de la derecha.
- Cuando salga el último pensamiento, cierra la puerta derecha, así ahora el cerebro es una habitación vacía que esté a oscuras.
- No hay pensamientos, nada, mantén el estado de vacío mental todo lo que puedas, si lo haces para dormir, déjalo hacer con esa sensación.

APRENDE A MANEJAR LAS PREOCUPACIONES PARA QUE EVITES REBROTES

Tienes que aprender a manejar las preocupaciones que haya para que no caigas de nuevo en cuadros de ansiedad.

Hasta ahora todo lo que se ha desarrollado ha sido con la finalidad de que puedas aprender a manejar las emociones con las distintas afecciones que tengan.

En este capítulo vamos a ver las preocupaciones, el tiempo para ello y cómo trabajar con lo que tenemos para aprender a manejar los terribles cuadros de pánico.

¿Por qué es tan difícil dejar de lado las preocupaciones?

La característica del trastorno de ansiedad generalizada es la preocupación excesiva. La preocupación viene de la mano de un estado de vigilancia constante, tensión muscular o irritabilidad. La persona que sufre esto tiene facilidad para preocuparse por muchas cosas. Le es difícil controlar las preocupaciones.

El darles vueltas a las ideas nos puede llevar a padecer melancolía. En las obsesiones, las fobias, depresiones y en última instancia, los sentimientos y pasiones solo están presentes.

Imaginemos que nuestra pregunta es una semilla, que esta va creciendo, genera cada vez más y más ramas. Esto es una pregunta, la primera de muchas a la otra que da pie, puede ser de constante y no terminar nunca. Va creando un círculo vicioso que solo se rompe cuando dejemos de pensar en ello. Para la mente es difícil y puede dar dolores de cabeza.

Pensar demasiado es un bucle, infinito, nos genera dolor, y no sacamos nada en claro.

Además de que nos agota pensar demasiado, pensar tanto tiene problemas. Seguramente alguna vez has dejado de hacer algo porque le dedicaste mucho tiempo a pensarlo. O has pensado lo que le habrías dicho a otro si hubieras podido. Los trenes pasan y se pueden perder.

Si nos quedamos en la misma estación, los trenes pueden volver a pasar, pero en cualquier situación, no podemos caer en lo mismo. Si no hemos hecho algo que queríamos por las dudas que nos invadieron y se apoderaron de la mente, seguramente a la próxima hagamos lo mismo. Las oportunidades no tienen horario, no sabemos el momento en el que llegará.

Todo veneno tiene antídoto, Voltaire una dijo "colección de pensamientos debe ser una farmacia donde se encuentra remedio a todos los males." Como se puede ver, los antídotos se hacen a partir del veneno, aunque si nos pasamos de la dosis, no nos curaremos, sino todo lo contrario. Pensar mucho entre cientos de pensamientos caóticos, puede llevarte a que afirmes que no sea verdad.

Lo puedes evitar si quieres, por ejemplo, ponerse a hacer otras cosas y dejar ese pensamiento que te carcome, puedes hacer deporte, escuchar música, ir al cine, pero si los pensamientos se instalan fuertemente, a lo mejor tengas un esfuerzo para lograrlo.

Es importante ir al meollo de la cuestión. El ver qué es lo que provoca que encontremos esto, a veces es un exceso de preocupación que no nos lleva a ninguna parte, pero ser conscientes de lo poco productivo que es un paso clave.

Como se puede ver, pensar es parte de la naturaleza humana. de hecho, es uno de los procesos que nos hacen diferente del resto de los demás. Ahora bien, el pensamiento, contrariamente a lo que se considera, no es consciente en su mayoría.

Como se ve, pensar forma parte de la naturaleza, es más, es uno de los procesos que nos hacen diferentes de los otros seres vivos. Ahora bien, el pensamiento, contrariamente a lo que se considera, no es en su mayoría consciente. Más bien todo lo contrario. Pensemos en un iceberg, la punta del mismo o lo que se encentra al descubierto en la superficie sería el pensamiento consciente. Mientras el hielo se sumerge que es la mayoría y constituye cada parte inconsciente.

Las personas que pensaban más sobre las decisiones, que analizaban las cosas en exceso sin llegar a conclusiones claras, tenían más células en la corteza prefrontal. Bien, lo que en un principio se puede considerar como positivo, en realidad no es así, porque lo que hay es exceso de células que no cumplen funciones claras. Es más, cuando se comparan electroencefalogramas con personas autistas o esquizofrénicas, se ve el mismo fenómeno.

La conclusión a la que llegan es que pensar es bueno, pero no en exceso y menos si lo que hace son bucles sin sentido.

Ahora hablemos de los pensamientos basura, estos son los que tienen recurrencia y que nos agota porque no nos aporta ningún tipo de beneficio. Los razonamientos vacíos e incluso tóxicos. Son originados en la mente consciente. El sobrepeso mental no es resultado de los procesos mentales reprimidos, deseos o impulsos, fruto de elaboración deliberada.

Son superfluos e innecesarios, por lo que, en vez de proporcionarnos mayor autoconocimientos y ventas cognitivas, nos desgastan y hacen el resto del proceso consciente. Impiden que seamos creativos, comprensivos o aprenden habilidades que nos bloquean y paralizan las virtudes.

Por eso, cuando se tiene sobrepeso mental, los pensamientos actúan como la comida basura. Provocan consecuencias físicas que pueden ser incluso análogas a las de la obesidad. Entre ellas agotamiento físico, que provoca problemas para andar o hacer esfuerzos físicos.

Los problemas para respirar normalmente, el aumento del sudor, los dolores generales, alteraciones de piel, todo esto viene de pensar mucho.

Entonces qué es lo que causa el sobrepeso mental

Son muchos los tipos de pensamientos que hacen daño, pero algunos a los que vamos con frecuencia son los siguientes:

- *La crítica:* cuando hay reproche, juzgamos o condenamos a otros, en realidad nos vetamos a nosotros mismos. Se hace una desvalorización propia de la autoestima y se proyectan en el otro las impotencias.
- *La lástima:* el victimismo es una de las trabas que pone la mente para que no progresemos. El cambio pasa por salir de la pena que se siente a sí mismo y no enfrascarnos en los pensamientos nefastos, frustrantes, negativos o impotentes.
- *Las suposiciones:* la única labor que tienen las suposiciones es la de desgastarnos. Las conjeturas, adivinanzas o figuraciones solo dañan y causan sobrepeso mental solas. cómo se puede averiguar qué piensa una persona de nosotros. Si muchas veces no somos capaces ni nosotros mismos de saberlo.
- *Las condicionales:* si hubiera hecho esto, ahora… quizás debí haber ido a… si en su momento no lo hiciste, no te atormentes. Lo hecho, hecho está. Solo puedes aprender de ello. Los pensamientos solo te enjuician y terminan destruyéndote.

Utiliza recuerdos positivos

El que recuerdes momentos agradables en la vida, favorece que nos sintamos mejor. El papel de los recuerdos podría ser más poderoso de lo que creemos, porque además de favorecer la regulación de emociones y tiene efecto positivo en la depresión por estrés.

Un grupo de científicos ha llevado a cabo un experimento con ratones de laboratorio y ha establecido que la reactivación artificial de recuerdos almacenados en una experiencia positiva puede suprimir efectos de depresión inducida por estrés.

Aquí se muestra cómo los recuerdos positivos y negativos interactúan en los trastornos de estado de ánimo y proporcionan un circuito cerebral específico para otras intervenciones.

Los inducidos por manera artificial

El trabajo que ha demostrado la relación entre recuerdos positivos y depresión, que fue publicado en la revista Nature, la investigación se lleva a cabo en el laboratorio de Susumu Tonegawa, que recibe en 1987 un premio nobel por descubrir la diversidad de anticuerpos. El estudio aborda la cuestión de si un recuerdo positivo puede ser capaz de sobrescribir uno negativo.

Para poder responder a esto, se hace la ingeniería genética, con el objetivo de crear ratones en los cuales las células de memoria de una circunvolución del cerebro llamada giro dentado, pudieran etiquetarse mientras se forman los recuerdos y luego se reactiven con una fibra óptica que emite luz implantada en el mismo sitio.

Para poder probar el sistema se expone a ratones macho a una experiencia positiva, y se forma un recuerdo de este evento. Después los ratones son expuestos a una experiencia estresante que los lleva a un estado parecido a una depresión. Además, mientras los ratones se deprimen se usan para estimular el giro dentado de algunos de ellos y reactivar las células de manera positiva.

Es elemental que almacenes recuerdos.

Este experimento da pie a una recuperación del estado de ánimo deprimido de los ratones a los que se le aplicó la técnica. Además, la cartografía del circuito cerebral de este efecto revela otras dos áreas del cerebro que cooperan con el giro dentado en la activación de los buenos recuerdos. El núcleo accumbens y la amígdala basolateral.

Por otro lado, para poder examinar si este tipo de recuperación puede incluir cambios en los circuitos del cerebro que están en ausencia de estimulación de luz. los investigadores suministran la terapia de luz crónica al giro dentado por más de cinco días. Se descubre que garantiza la reactivación sostenida de los recuerdos positivos.

Los ratones que reciben la terapia fueron resistentes a los efectos de la depresión inducida por estrés. Esto sugiere que el almacenamiento en la memoria de experiencias positivas se puede usar para sobrescribir o suprimir los efectos negativos de estrés en el comportamiento, lo que lleva un nuevo modo de conceptualizar el estado de ánimo.

Los resultados tienen implicaciones clave sobre la persistencia de los recuerdos en el afrontamiento de trastornos del estado de ánimo como depresión, ansiedad o estrés.

A pesar de que la interacción de experiencias positivas y negativas y los correspondientes recuerdos es poco conocida. Estos hallazgos abren nuevos enfoques en la terapia de trastornos del estado de ánimo.

Los autores dicen que esto es muy pronto para poder concluir si los recuerdos positivos en general pueden mitigar los efectos de la depresión inducida por la ansiedad.

Encuentra distracciones

Veamos algunas distracciones que también sirven para trabajar tu mente.

Hacer mandalas

Las mandalas son símbolos que tienen forma circular y tienen origen hindú que representan la totalidad del cosmos, la naturaleza, el mundo espiritual y la persona.

Por lo general tienen forma de círculo porque es la figura geométrica perfecta. Es cierto que podemos encontrar mandalas con otras formas.

Cada uno tiene significados dependiendo de la dimensión que se les dé. Para algunos son decoración, para otros parte de rituales y para otra amuletos, por lo general, se usan como un método para meditar, cuando se fija la atención en ellos mientras los coloreamos o con la observación y se usa con fines terapéuticos.

Un consejo es que los colorees desde afuera para adentro, como signo de ir de lo más general, al externo y amplio hasta llegar al propio yo. Es un ejercicio de introspección y viaje a nuestro interior. Es aconsejable que se pinten en un sitio tranquilo que invite a disfrutar. Sin prisas, ni agobios, se puede usar mientras escuchamos música suave y acondicionamos el ambiente con una buena barra de incienso.

Escuchar música

La vida sin música sería un error. El dejarse ir por el movimiento de forma suave, bailar al ritmo o escuchar una melodía que nos agrada, es genial para la ansiedad.

Hay estudios científicos, exponerse a la música que nos gusta aumenta la producción de dopamina, la que activa el centro del placer, el mismo que se estimula por las experiencias sexuales o gastronómicas.

- Produce alegría.
- Tiene efecto hipnótico que produce relajación o euforia.
- Quien canta sus males espanta dicen por ahí.

Escuchar música tiene efectos positivos en nosotros, es capaz de reducir el dolor, el aprendizaje y la concentración. Reduce la presión arterial, entre otros.

Compartir con animales y naturaleza

Puedes también optar trabajando con la mascota, puedes ir a sitios con animales domésticos, como una granja, peces o bucear.

Tener animales en casa te brinda:

* Afecto y estabilidad.
* Acariciar animales genera oxitocina, la hormona del amor.
* Da bienestar
* Reduce el estrés.

Son muchos los beneficios que aportan los animales, hay terapias asistidas con animales, una modalidad de tratamiento donde el animal tiene un papel clave en la recuperación de los pacientes, siempre que sean guiadas por un terapeuta profesional. Los animales más comunes para trabajar en esto son los perros, caballos y delfines.

Las personas de la tercera edad, con enfermedades mentales o niños con problemas autistas han tenido resultados excelentes.

Manualidades

Si eres de los que le gusta tejer o hacer cosas con las manos, pues tienes suerte, porque te sirve para enfrentar la ansiedad. Según investigaciones en el terreno de la neurociencia, las labores artesanales tienen mucho que ver con la meditación y l atención plena. Proporciona impacto directo positivo en el bienestar y salud mental.

Los neurocientíficos comienzan a dar relevancia a la forma en que este tipo de actividades impacta en nosotros, produce mejoras en los estados de depresión y la forma en la que se enfrenta a los problemas, la mejora en l calidad de vida o la reducción de estrés. De este modo se le otorga un papel vital para mantener la salud del cerebro en buenas condiciones.

Acepta la incertidumbre

La historia está plagada de ejemplos de cosas buenas y malas que nos pasan. Creemos muchas veces que algunas cosas a nosotros no nos pasarán. Que no tendremos un accidente en coche que cuando nos enamoramos es para siempre que no enfermaremos o que las desgracias nunca atacarán. Pero tenemos la tendencia a que pueda pasar, nadie es libre de eso.

A la hora de la verdad casi ninguna de las expectativas se cumplen, ni a nivel individual ni social, todo esto es falso, incierto. Solo con eso. Las creencias y expectativas. Hay pocas cosas en el mundo de la que podemos tener certeza, una es que terminaremos muertos en algún momento, otras que el sol saldrá cada día.

Ante las situaciones imaginamos las eventualidad con el fin de tener una respuesta, de algún modo el mantener la mente ocupada alivia el no saber.

El no saber qué pasará y la inseguridad de esto, nos lleva a un intento desesperado de controlar el mañana y anticiparnos como sea a una gran cantidad de probabilidades.

Tenemos la necesidad de controlar todo, más si es posible. Por ejemplo, el desconocimiento, la espera de alguna cosa buena. El no saber el sinónimo de desamparo, por lo tanto, el miedo a lo que no se conoce. El descontrol que a algunos les provoca incertidumbre es como si buscara conducir un coche sin las manos al volante o como viajar sin mapa.

Muchas personas para poder llevar esto, apelan a los futurólogos y pitonisas de todo tipo con más o menos fiabilidad, porque frece una vía de escape mental, es mejor pensar que algo sucederá para tener la prevención, aunque estos augurios no siempre se cumplen. De esta manera los profesionales no siempre se cumplen. De manera que los profesionales ofrecen a muchos mortales, de todas las clases sociales, desde los pobres a los adinerados, los listos a los que no lo son.

Sucede lo mismo con las teorías que aparecen en las que se asegura que si deseamos algo con mucho fervor, se acaba haciendo real. Queremos tener el control de la vida. Si alguien nos dice que lo podemos tener, que será fácil como pensar en algo y desearlo para lograrlo. No perdemos nada con intentar esto.

Los resultados en la vida son subjetivos, no se demuestran y se sujetan a muchos razonamientos, tantos como la imaginación pueda ofrecer. Si no tienes éxito, es que hay algo que lo bloquea, si el perro lo arrollan es porque la otra persona pensaba en que pasaría, si te curas de un cáncer es porque lo deseabas y creíste en que eras alguien sano. Así que no podemos justificar en todo momento y pensar que tenemos la razón. Es así de sencillo.

Algunos de los comportamientos más evidentes de la falta de tolerancia a la incertidumbre son estos:

Evadir: mucho se dice de evadir las responsabilidades, pero se trata de evadir actividades como manejar, porque provoca ansiedad e incertidumbre, no saber el camino o todo lo que pueda pasar en el camino. También se incluye el evitar personas, situaciones y lugares.

Revisar: la idea es que se revisen las cosas constantemente para asegurarse de que todo está correcto y no hay errores. También está la necesidad de informarse de todo y buscar certezas.

Buscar seguridad y alivio: hay personas que pasan el día preguntando a los amigos, la familia o desconocidos lo mismo una y otra vez. Es curioso también que las personas explican la situación sobre lo que buscan opinión, lo hacen de un modo que ofrezcan resolución que a ellos les gustaría oír. Son pocos objetivos en las explicaciones, buscan reafirmar los deseos, tengan realidad o no.

Hacer listas: muchos hacen listas con el propósito de no olvidar nada, hasta las cosas más triviales.

Preocuparse: algo clave en personas con intolerancia a la incertidumbre, con niveles altos de ansiedad, se pasan el día dando vueltas a las cosas sin llegar a una finalidad razonable.

Negarse a delegar: este tipo de personas sienten que lo mejor es si se encargan de todo, para así tener mayor control sobre las mismas.

Desgraciadamente la comodidad de la certeza no es una necesidad, porque el mundo está lleno de imprevistos incómodos. Por esta razón quien se preocupa suele tener la tarea pendiente, el aprender a tolerar la incertidumbre.

Trabaja los pensamientos conato de ansiedad

Vamos a compartir unos pensamientos que son detonantes de la ansiedad. Si atajas a tiempo estos pensamientos podrás tener la mente libre y prevenir los ataques antes que te aborden por completo.

Los pensamientos negativos aparecen cuando menos se esperan, pero por la sensación que transmiten sabes si son bueno o malos. Ahora tienes que buscar un modo de detectarlos y sacarlos, por ejemplo, signarles una imagen de algo que no te guste.

Si no te gustan las alcaparras, imagina que cada pensamiento es una alcaparra grande y la debes tirar en un cubo de basura donde no la veas más.

Cuando le asignas una forma física, consigues eliminarlo con facilidad, porque deja de ser abstracto. Las aceitunas son apenas un ejemplo, puedes elegir lo que desees, cucarachas, que pisas, zapatos con tacón o queso azul. Lo importante es que logres el control de la ansiedad.

Evita lo que hace que aparezcan

En ocasiones aparecen cosas que causan las sensaciones malas, pueden ser imágenes, canciones, personas y lugares. Si aprendes a identificarlos y los metes donde tiras las alcaparras, tienes que dar el otro paso, que no aparezcan más.

Cuando reduces la presenta en la vida, dejas espacio para nuevos impulsos positivos, los que segregan sustancias en el cerebro y te hacen sentir bien. además de los evites, también te distraes de ellos, los evitas con descaro. Cuando se aparezca un pensamiento malo, cambia la actividad.

Ves la tele y aparece algo que duele. La apagas y te pones a leer un libro, pones mucha música y comienzas a bailar. Entra a alguna red social, ve a hacer deporte o juega ajedrez con quien tengas cerca.

Si quieres distraerte conscientemente, terminarás dando un esquinazo de verdad a la ansiedad y a los pensamientos malos.

Busca eso que te haga sentir bien. es un paso para que evites lo malo, la idea es que actives conscientemente los pensamientos positivos. De esta manera juegas con la química del cerebro para que segregue sustancias que te hagan sentir bien. entonces busca lo que realmente te haga sentir bien.

Puedes escuchar canciones, paseos, películas, actividades que muevan la adrenalina, la noradrenalina o la serotonina del cerebro. De este modo se siente tranquilidad y bienestar mental que buscas y los pensamientos negativos no tendrán espacio en la mente.

Los pensamientos negativos causan sensaciones malas como la ansiedad. Como apoyo a estas estrategias prácticas puede ayudar con un complemento alimenticio que haga que aumente la serotonina en el cuerpo. Así se encuentra la relajación mental que necesitas y ayuda a ver las cosas claramente.

Ten consciencia de cómo otros nos afectan

¿Sabes la influencia que tienen las personas que andan alrededor tuyo? Todos los días socializamos y establecemos vínculos de cualquier índole con personas que se cruzan en la vida. En ocasiones los vínculos son pasajeros, unos son más estrechos que otros, pero por lo general la vida se basa en cómo nos relacionamos con los demás y la manera en la que interactuamos.

Cuando se vive en una sociedad y se estrechan lazos familiares de trabajo, de amistad o de amor, ponemos en los demás responsabilidades con nosotros mismos, es decir, que en ocasiones dejamos que la presencia, opiniones y actitudes que la gente que escoge para que esté en nuestra vida tenga incidencia en lo que somos. Llega a afectar la personalidad y el comportamiento para lo bueno y lo malo. Pero sabe afectar el poder que pone en el otro y es cuestión de nosotros y de saber manejar esto no es sencillo, ya que somos personas tenemos una constante búsqueda de aprobación y por eso tenemos que equilibrar y saber la influencia de los demás en nosotros.

Influencia de las personas con las que te relacionas

Las personas absorbemos todo lo que tenemos alrededor, aprendemos, ponemos en el interior, copiamos e inspiramos a los otros, todo esto es algo positivo o negativo. En caso de ser positivo estamos creciendo y trae cosas que nos ayudará en la vida. Si es malo, estamos dejando que otros causen problemas e la vida e inconscientemente que es culpa del otro. Pero la verdad es que nos dañamos nosotros.

Los seres humanos somos en el fondo un reflejo de las seis personas que están cerca de nosotros, podemos aprender de forma consciente o inconsciente lo que le hacen a los demás y lo adoptan como parte de la personalidad. Por ejemplo, los bueno o malos hábitos, la forma en la que hablamos y muchas veces lo que pensamos y actuamos solo es un reflejo de las personas alrededor.

El saber la clase de persona que nos deja entrar en nuestra vida no es un mero consejo que un padre le da a un hijo, es una realidad que el entorno habla a gritos de lo que en realidad somos y la manera en la que forjamos la manera de ser y la personalidad.

La verdad es que no podemos dejar que la vida sea un reflejo de alguien más y cada uno de nosotros establezca un carácter personal, pero no se puede evitar que adoptes cosas de otros, así que en silencio y de un modo persona, hagas una lista de las personas que están cerca de ti, las que te aportan y lo que le aportas a ellos, solo de este modo sabes quién te hace bien y quién es mejor para tu vida.

No es que andes buscando un interés particular en los demás, pero si se trata de rodearte de gente que te haga bien, sobre todo a la que le puedes hacer bien y aportar cosas buenas positivas para ti.

Una persona influye sobre otra cuando puede afectar su vida, sea con la toma de decisiones, hábitos en los pensamientos, por lo tanto, es una gran responsabilidad la que asumen que se convierten en personas mediáticas. Aunque el término ahora está sesgado para la comunicación, se entiende como algo más completo que puede intervenir y modificar las vidas.

Es necesario que se comprenda la dimensión emocional, los sentimientos, los patrones de vida, para que todo esto ayude a encontrar los objetivos. Cuando una emociona se manifiesta tenemos que tener la capacidad de determinar de que eso nos deja algo o mejor lo soltamos.

El concepto de la inteligencia emocional resuena en el clima intelectual y cultural de esta era, el hacer hincapié en la importancia de desarrollar competencias de autoconciencia, autoregulación y motivación por parte de todos, la idea es que se puede subsanar un desequilibrio percibido entre razón y emoción.

Para cerrar esto, es bueno destacar que esta influencia es bidireccional, es decir, de la misma forma en que los demás influyen en ti, tú influyes en ellos. Hay un gran número de estrategias, se ponen en marcha para influir en las personas con las que nos relacionamos, pero no todas tienen los mismos resultados. Algunas son positivas, otras no, son negativas.

CÓMO EVITAR RECAÍDAS

*E*n este último capítulo vamos a abordar cómo podemos evitar las recaídas cuando nos levantemos de la ansiedad.

Padecerla no es un botón que se enciende y apaga, ella aparece gradualmente, primero el estrés, luego la ansiedad leve y al final cuadros de pánico con ansiedad.

Por eso, es bueno que conozcas esas señales que comienzan a alimentar el tarro de la ansiedad, para que lo vacíes antes que se llene y se desborde y lo haga pasar mal.

Ubica esas señales de estrés alto

El estrés no aparece solo por el trabajo, tener exceso de trabajo como la ausencia de este lo causa. Estar esperando un pago, la llegada de las facturas, el no saber la carrera y elegir si es el momento, los exámenes, el sentimiento donde hay tensión, a nivel físico o emocional, todo esto tiene su papel, no solo en la salud sino en el cuerpo, en los hábitos, en la forma en la que nos comportamos.

Estas son las señales que puedes sentir sin problema en la gente que tiene estrés, a altos niveles, donde no hace falta llegar al infarto, ni taquicardia y que te indican que debes comenzar a cuidarte.

Las señales que debes ver

Estas señales indican que estás pasando por un cuadro de estrés que te puede ir arrastrando poco a poco a la ansiedad y al final a los ataques de pánico. Ataja a tiempo la emoción y detenla para que no te desborde.

A veces nos acostumbramos tanto a vivir estresados que ni nos damos cuenta de lo nocivos que son:

- **Acné**: no es solo un reflejo de las hormonas, de los cambios, es también alteración, tanto a nivel físico como psicológicos.
- **Sudor**: puede ser un problema fisiológico, es reflejo de los nervios, de la tensión. Aprender a llevar las prendas adecuadas, de algodón, manga corta, ayuda a disimularlo si no puedes evitar la situación.
- **Palpitaciones**: que el corazón se acelere ocurre en muchas ocasiones, tiene que hacer ejercicio, tener citas, pasando exámenes clave, entrevistas de trabajo. Esos momentos puntuales que parecen hasta normales. Tener palpitaciones constantes no es normal ni bueno. Vigila lo que haces.
- **Depresión**: si estas estresado puedes tener depresión. No quieres salir, evitar contacto físico con otros, aislarte, alejarte lo que puedas del trabajo o la situación que cause estrés. Incluso puede llegar a paralizar, dormir mucho, no salir de la cama.
- **Cambios en el apetito**: desde tener mucha hambre hasta no comer bien, engordar, tener mala digestión, que derive en problemas cutáneos como acné pasando por todo lo demás, no tener hambre, no saber ni qué comer.
- **Problemas digestivos**: tanto el comer mucho como el no comer son consecuencia de lo anterior. Si comer mucho,

terminaras con digestiones pesadas. También problemas para conciliar el sueño, para ir al baño, para la energía corporal. Los problemas estomacales son consecuencia de alimentación errada, son constantes, así como comer poco y mal. No es saludable para el sistema. Un cuerpo que no tiene energía piensa mal. El bloqueo nace del estómago. Todo lleva a que no pienses claramente y sufras más estrés.

- **Cambios en la lívido**: un estudio relaciona los picos de estrés con la ausencia de deseo sexual en hombres como en mujeres. El estrés afecta el deseo y la satisfacción.

- **Reducción de la energía**: el dormir poco, mal, comer mal, no descansar, son causas de la reducción de energía. El cuerpo necesita gasolina para andar bien y el cerebro necesita estar al cien para que la diferencias del día a día no afecten tanto.

- **Reducción del estrés que hace que las enfermedades aumenten**: según un estudio, desde las cosas más pequeñas a las más grandes, influyen. Cada vez se estudia más la relación entre estrés e inmunidad a muchas enfermedades.

- **Dolor crónico**: las molestias del cuerpo y los dolores son consecuencia de padecer mucho estrés de manera constante. Dormir mal no estar estirado completamente, tensión muscular, todo es causa directa de dolores, molestias que llevan a aumentar la sensación de incomodidad y de estrés. Todo es causa directa de los dolores, las molestias y aumentan la sensación incómoda y de estrés.

- **Dolores de cabeza**: un clásico del estrés es tener tensión física y se manifiesta rápidamente en la cabeza. Es más, un estudio relaciona los días al mes en que se padece dolor de cabeza, muchos, con los niveles de estrés de la persona. En Estados Unidos se relaciona el estrés que padecen los soldados en el frente con dolores constantes de cabeza.

Para un momento

Parar es algo consciente donde hacemos pausas para el día, para reflexionar sobre lo que sucede a nuestro alrededor, cómo estamos reaccionando a esto que sucede, las emociones dentro de esto y respiramos de manera consciente para traer la atención a lo que sucede en el día a día.

Esta es la manera de hacerlo:

- **P de Para:** haz pausas en las actividades que hagas a diario.
- **A de Atiende:** al momento de ahora aplicas la introspección y notas qué es lo que haces, lo que te rodea, y en especial el estado mental. Nota dónde se pone la atención. Te estás enfocando y cuáles son las emociones, motivaciones e intenciones.
- **R de Recuerda:** lo que quieres conseguir la persona que quieres ser, los valores que quieres cultivar los malos hábitos que quieres dejar. Trae las intenciones a la mente. Trae estas intenciones a la mente.
- **A de Aplica:** ahora que tienes en la mente los hábitos, actitudes y valores que quieres tener, los aplicas. Si tienes la intención de ser más amable, toma un momento para hacer algo bueno por una persona. Si quieres cultivar hábitos sanos en el cuerpo, te levantas, tomas un vaso de agua. El objetivo de esta práctica es que puedas llevar una acción que te recuerde lo que buscas cultivar.
- **R de Regresa:** sigue con las actividades, pero busca colocar la intención que aplicaste en la actividad que llevabas a cabo. Si buscabas cultivar bondad, trata de poner esto a la actividad que hacías. Lo importante es que recuerdes la intención y materialices las actividades.

La forma de que seamos una mejor versión de nosotros comienza con acciones pequeñas que hacemos repetidamente. Para es excelente para que cultives hábitos positivos. Encontrar calma en el día a día y atender actividades con la mente clara, enfocada y abierta.

Los siguientes pasos

Todas las actividades son una gran oportunidad para que pares. Algo que funciona es que pongas recordatorios en el móvil varias veces al día, para que recuerdes que tienes que parar. Los recordatorios dan la oportunidad de tomar minutos y hacer ejercicios.

Te puedes dar el lujo de parar al día varias veces, hazlo unas cuatro veces. Aprovecha la oportunidad para que practiques la técnica y notes cómo te sientes luego de una de las pausas. Nota un cambio radical en el estado de ánimo y en la atención a las actividades diarias.

Haz ejercicio

Se tiene demostrado que hay beneficios tanto físicos como psicológicos luego de hacer ejercicio en personas ansiosas o deprimidas. Además, mejor el estado de ánimo y aumenta la sensación de bienestar.

La ansiedad es probablemente, la enfermedad con más prevalencia en la sociedad actual. Se habla de epidemia silenciosa. Una reacción de preocupación extrema o de mucho nerviosismo por situaciones rutinarias. Tareas tan comunes en el día como conducir, se relaciona con las personas, salir de compras o hablar en público puede ser algo horrible para las personas, salir de compras o hablar con los demás puede ser un auténtico martirio para las personas que sufren el trastorno.

Aunque el deporte sea lo último que se quiere hacer si sufres de ansiedad. La realidad es que hagas ejercicio para que prevengas y mejores problemas de salud. También para que alivies los síntomas que ampliamente conoces.

Cuando haces deporte puedes:

- Conseguir liberar endorfinas, las hormonas de la felicidad y esto te lleva a tener alivio del dolor y bienestar.
- Ocupar la mente en otras cosas para que salgas del ciclo de pensamientos negativos y olvides las preocupaciones un rato
- El ocupar la mente en otra cosa para que salgas del ciclo de

pensamientos negativos y olvidar por un rato las preocupaciones.

Además, hay otros beneficios de hacer deporte, como ayudar en el manejo y control de las emociones malas como rabia, ira, todo esto mejora en la calidad de sueño. También las personas mejoran la sensación de fortaleza, el control y la seguridad sobre sí mismas y lo que les rodea. No hay que olvidar que la práctica del deporta también es necesario para que ganes confianza, que cumpla metas o desafíos de ejercicio, aumenta la interacción social, te da la posibilidad de conocer personas y socializar, además de sobrellevar los problemas saludablemente.

Ejercicios para la ansiedad

Son arios los deportes que puedes hacer para combatir la ansiedad. Esos que requieren gran esfuerzo son los mejores, por ejemplo, el baloncesto o el voleibol, pero en los que no es necesario que estés concentrado, favorecen a eliminar la energía negativa que causa la ansiedad y evitan el aumento de peso que lleva el trastorno.

Tampoco se puede olvidar que los ejercicios se dirigen a encontrar relajación y buscar el equilibrio en la mente y el cuerpo. Por ejemplo, que hagas pilates o yoga que en su momento le dedicamos su espacio. Estas técnicas son perfectas para que recuperes energía positiva en el día a día.

El deporte más completo para que evites el trastorno es la natación porque ayuda a liberar tensiones, mejora la circulación y la capacidad cardiovascular. Además, permite mantener el peso y reduce los dolores musculares, combate el insomnio, todo a la vez.

Cuando eres ansioso, lo que necesitas es mover el cuerpo, liberar esa energía acumulada en el interior, si lo haces mientras disfrutas y lo pasas bien, pues es lo mejor.

Elige con quien compartir el sentimiento de ansiedad

Cuando compartes las preocupaciones o los sentimientos, quieres comprenderlos, no juzgarlos. Identifica a las personas que pueden jugar con acierto el papel, es una habilidad que ayuda mucho y es el primer paso para sentirse mejor.

De seguro en algún momento te has planteado con quién es mejor compartir lo que sientes. No todas las personas son receptivas ni adecuadas, por muy cercanas que sean, igualmente hay quien, con toda la buena fe, termina haciendo el comentario desafortunado. Dicta consejos cuando solo buscamos ser oídos. Por eso es bueno que tengas presente con quién compartir las emociones que te causan ansiedad.

Algo que nos repiten mucho es que eso de compartir lo que sentimos con los demás es algo tan positivo como catártico. Un aspecto que no se puntualiza es que no toda las personas tienen habilidad para ser partícipes de esa artesanía emocional. Si hacemos recorrido por el pasado, a lo mejor en algún momento terminas dejando de compartir el dolor, la alegría la sorpresa o lo que tengas con otros. es algo que sucede constantemente. Se piensa que la amistad, que ese amigo del trabajo o el familiar puede ser receptivo a los sentimientos.

Sin embargo, al poco nos encontramos con que esa persona no es lo que creíamos, no nos da importancia a lo que sentimos y nos juzga, son torpes para estas situaciones sociales.

No se ponen en nuestros zapatos, pero luego no saben volver a lo suyo y ayudarnos.

Con quién compartir lo que se siente

Lo dijo la gran Charlote Brontë que el interés de quien escucha estimula la lengua del que habla. Todos hemos vivido más de una vez en la piel propia esto. Es algo que sana, que reconforta.

Es tanto que hay estudios como el que hizo el doctor Ullrich Wagner de la Universidad de Münster, Alemania, nos señalan que compartir los sentimientos con buenos amigos activa el sistema de recompensa cerebral. Estos instantes de complicidad, la sensación de bienestar sube.

Sin embargo, también frecuentemente se da lo contrario, se piensa que nos podemos acercar a personas de confianza para hacerlos participes de vivencias y sentimientos para después arrepentirnos. Algo así puede dejarnos malas consecuencias.

Vamos a hacer un ejemplo, si un adolescente da el paso y decide compartir los sentimientos y lo que encuentra es una crítica o una burla, pueden generarse varios escenarios. Uno que no vuelva a compartir nada más. El otro que comience a plantear el valor como persona. Un proceso que daña tu autoestima y afecta la ansiedad.

Como se puede ver, no todas las personas tienen la capacidad para escuchar o dar apoyo emocional. Entonces hay que saber con quién compartir los sentimientos. Estas son claves.

Hay quienes no aplican filtros, hay quien no tiene problema alguno a la hora de sincerarse con quien el azar sitúe cerca. Estas son las personas que comparten los pensamientos, los sentimientos con compañeros de trabajo, conocidos o vecinos. Las consecuencias se derivan en práctica indiscriminada que suele ser seria como desastrosa.

Por lo tanto, recordamos ser cutos, prudentes e inteligentes. El hecho de que alguien esté al lado de nosotros no lo hace habilitado para que sea soporte de nuestra reflexión. El compartir emociones o sentimientos no es una forma más de comunicación, es algo más delicado e íntimo.

Cuando se elige compartir algo con alguien no esperamos que nos resuelvan el problema. Normalmente solo se desea a una persona con la capacidad para escuchar, lo que es más importante, se comprende. Así, es común sincerarnos con la persona que no duda en darnos todo un montón de consejos y hasta un plan de ruta sobre lo que se debería hacer.

Asimismo, están los que son agiles en el momento de hacer juicios, que te dicen que no debiste hacer las cosas así, que eres muy confiado, o que te equivocaste, o que eres un gallina por sentirse así, con esa ansiedad, que eso es para nenas y cobardes.

Todo esto es lo que se debe evitar, si quieres compartir los sentimientos con una persona, tienes que elegir bien, buscar la persona hábil para que escuches, cercana para que empatice contigo y capaz para que demuestres comprensión de verdad.

Hay personas que son hogar, que crean espacios seguros emocionalmente. Si buscas personas con las cuales compartir los sentimientos, elige a quien sepa ser hogar. Hay amigos o conocidos que tienen habilidades especiales de crear espacios seguros donde la confianza es palpable, donde sentimos seguridad, a salvos, entendidos.

Algo que se puede dar es que esa persona nos escuche, como necesitamos, que no sea la pareja ni la amistad de toda la vida.

Más allá de lo que podamos pensar que suceda, es normal. En ocasiones las figuras que llevan desde siempre con nosotros, no son las correctas para que nos escuchemos.

Sabemos que quieren lo mejor para nosotros, a veces necesitamos otras perspectivas, un tipo de apoyo que defienda los intereses de un modo emocional. Por lo tanto, se trata de buscar, de dar con ese ser especial que nos escuche como lo merecemos. Que tengamos cautela e inteligencia cuando compartamos sentimientos.

Un mal comentario puede hacernos mucho daño, pero una mirada acogedora con afecta, reconforta y sana. Piensa en eso.

Te conoces, sé honesto contigo mismo

La honestidad es una cualidad que valoramos muchos en otros. una persona honesta se muestra como es, dice lo que siente, no finge, no engaña y se ve transparente en sus acciones. Esto nos permite confiar en los demás, porque sabemos que se comporta con sinceridad y sin dobleces.

Aunque tiene esta cualidad en cuenta, cuando nos relacionamos con los demás, no es así siempre cuando lo hacemos con nosotros mismos. Normalmente, seamos o no conscientes de esto, no tenemos honestidad con nosotros mismos. Cuando sucede, en cualquier área de la vida, se produce una disonancia entre el corazón y la cabeza, que nos impide ser felices. Encontrar el camino, ser leales a nosotros mismos y querernos y mostrarnos como somos. Sigue con la lectura de este artículo y descubre cómo ser honesto consigo mismo.

Para hablar con uno mismo, lo primero que se tiene que hacer es centrar la atención en nosotros, dejando de lado todos los estímulos que nos apartan. Desconectar de todo y tener tiempo para reflexionar, escuchar de verdad lo que nos decimos a nosotros mismos y no lo que creemos que nos decimos o lo que queremos escuchar de verdad, lo que nos decimos a nosotros mismos y no lo que creemos que nos decimos o deseamos oír.

Escuchemos sin miedo, sin hacer reproches, valorando y teniendo en cuenta lo que pensamos, sentimos y deseamos realmente, permitiendo de verdad ser nosotros mismos.

Reconoce que la única constante es el cambio

El cambio es la única constante que tenemos en la vida. Pasamos la vida entera por muchas experiencias que nos afecta de manera positiva o negativa. Depende de la interpretación que le demos a las mismas y el modo que tengamos para afrontarlas.

En algunas ocasiones sentimos la fuerza y tenemos pocas habilidades para superar los baches del día a día, lo que nos lleva a sentir frustración, miedo, estrés y desanimo. Creemos erradamente que las cosas malas que nos suceden son eternas.

Empero, hay una forma más saludable, tanto para el bienestar del cuerpo como mental, de enfrentar los cambios en la vida y consiste en adaptarse a la situación y considerarla como una oportunidad de enriquecimiento persona. Dado que de todas las cosas se puede sacar un aprendizaje que permite que avancemos y nos desarrollemos.

Este modo de afrontar los cambios, ayuda a que tengamos una visión distinta de la vida, una visión menos terrible o catastrófica. Dicen que si cambias el modo en el que miras las cosas, las cosas que miras cambian.

Tienes que aceptar el cambio, asumir la posibilidad de que las experiencias cambien hace que las aceptemos más fácilmente. Cuando se consigue aceptar lo que nos ocurre estamos preparados para la distancia emocional de los problemas y se ponen los recursos para comenzar a solucionarlos.

Sucede lo mismo con nuestro pasado, con las experiencias que han ido formándose en la personalidad y en la manera de ser. Porque las personas van cambiando también. Pueden cambiar y mejorar a diario. Pero necesita la disposición para hacerlo con esfuerzo y perseverancia, para corregir los hábitos que se tengan y ser cada vez más feliz.

Nosotros tenemos que cambiar, la manera en la que queremos ver en el mundo.

Hay que aprender de las cosas que se viven. Desde niños vivimos muchas experiencias de todo tipo, las primeras en el seno familiar. Los vínculos familiares se estableen con los progenitores en los primeros años, son elementales para el futuro.

En tal sentido hay que destacar la importancia de que los padres cuiden, den cariño, y estén pendientes de las necesidades de los hijos, para que crezcan felices y saludables.

Entonces, a medida que transcurre el tiempo, se va formando distintos esquemas o conjuntos de ideas sobre el funcionamiento de las personas y el mundo que tenemos. Los esquemas tienen una influencia grande en la manera en la que interpretamos todo.

Por eso no debemos identificarnos solos con las experiencias, pues, aunque forman parte del pasado, no tienen por qué seguir controlando el presente. El percibir la posibilidad de cabio en nuestras vidas nos hace sentir libres y menos atados al sufrimiento.

Cada día podemos ser personas más valiente y aprender de los errores, conseguir ser seres más independientes y valientes. Con ellos nos sentimos con la capacidad en todos los aspectos de la vida. Ganamos en autoconfianza y autoeficacia.

La vida nos cambia todo el tiempo, y de esto podemos sacar muchos aprendizajes. Para ello tenemos que aprender a ser críticos con nosotros mismos. Evaluar los comportamientos, sentimientos y pensamientos, lo que nos permite aprender, desaprender y reaprender maneras de manejarse, hasta conseguir la combinación más realista, positiva y que se adapta.

Tenemos en nuestras manos el poder de mejorar, de conseguir que todo cambie y la manera de percibir la realidad. Como consecuencia estamos cada vez más cerca del plan de vida. La posibilidad de conseguir la combinación que nos haga más felices está al alcance de la mano, no hay que temer, el cambio es bueno.

Tú eres el hacedor y diseñador de tu vida. No lo olvides.

CONCLUSIÓN

Para que puedas aprender a controlar la ansiedad tienes que comenzar con la manera en la que piensas. El miedo sucede en gran parte por los pensamientos. Que cambies la forma en la que piensas sobre algo puede ayudarte a que pienses en calmar la reacción de miedo y calmar la ansiedad.

Tienes que imaginar una situación que te ponga nervioso, que pueda ser subir a un avión o dar una presentación a los colegas. El pulso se pone en marcha, el rostro se ruboriza, la respiración se pone en marcha y se hace irregular mientras la adrenalina corre por las venas.

Para algunas personas, la ansiedad y el miedo se hacen intensos, evitan la situación. Sin embargo, la evasión afecta la forma en la que vives, porque limita la forma en la que encaras la vida. Con la práctica de algunas técnicas, puedes aprender cómo el miedo afecta el cuerpo y cómo controlar la respuesta al estrés.

Tienes que saber escuchar el cuerpo para que sepas lo que te transmite. El miedo genera respuestas físicas, el ritmo cardiaco rápido, la respiración acelerada y otras respuestas fisiológicas. Las situaciones de estrés producen las respuestas físicas que la mente interpreta como que tienes miedo.

Cuando tienes miedo, te tomas un momento para escuchar el cuerpo y recuperar el control, mira si respiras rápido o lento, si respiras profundo varias veces y la respiración se desacelera. Controlar la respuesta física al miedo influye en la respuesta emocional.

Tienes que aprender a superar en gran parte los pensamientos. El cuerpo proporciona el estímulo al miedo y la mente se dispara, dándote toda clase de motivos irracionales por los cuales debes sentir miedo.

Claro que los motivos no siempre tienen lógica, no te pones totalmente en ridículo si tienes que pronunciar el discurso. Pero estos pensamientos irracionales invaden la mente e intensifican el miedo.

No creas en ellos.

Tienes que identificar los pensamientos que te llenan de miedos, los tienes que desafiar. ¿Qué pruebas hay de que te pondrás en ridículo? Ninguna, a lo mejor no recibes ovaciones del público, pero no importa, el objetivo es que hagas una presentación profesional donde la audiencia aprenda de ti. Debes revaluar la situación y alejarte de los malos pensamientos.

Como ves, la situación afecta lo que sientes, abordar el miedo irracionalmente, con realismo y cambio en la forma en la que piensas te ayudará a superarlo en un estímulo intenso e irracional.

Tienes que usar la imaginación para que disipes los miedos. Imagina vívidamente como puedas una situación que te provoque temor. Siente cómo crece la ansiedad, pero luego agrega más información, pregunta qué te preocupa, los resultados probables, luego imagina lo que quieres que suceda.

Le debes poner más información y asociaciones a los temores, que te ayude a reducir los efectos cuando los sientas en la vida real. Esto puede ser difícil de conseguir sin orientación de un profesional, por lo que, si es necesario, consulta con un profesional de la salud, que tenga experiencia en el control de la ansiedad.

La ansiedad y los ataques de pánico son el cáncer de este siglo. Padecemos un mal que cada día las personas sienten con más intensidad. Lo peor de todo es que muchos no se están tratando este problema. Viven con el mal dentro, sufren y no solo emocionalmente, sino con la salud, cada día se sienten peor, así estén teniendo éxito en la vida. Sufren y van cada día sintiéndose más miserables, más deprimidos y al final les estalla por algún lugar.

Pueden tener una afección, como un ACV, un infarto o cualquier crisis que detona en un cuerpo maltratado por la emoción acumulada.

Por eso tienes que tratar esta condición. No permitas que la ansiedad y los ataques de pánico controlen tu vida y te dominen. Tener la ansiedad lejos, permite que seas libre.

No te ancles más a esto que tiene tantas maneras de eliminarlo. Te quedó en este libro una serie de herramientas que sirven para que puedas deshacerte de los ataques de pánico, desde el yoga hasta los colores.

Solo queda que tú quieras cambiar, eliminar esta emocionalidad y ser libre para siempre.

No hay nada mejor que saber cómo controlar las emociones.

Printed in the USA
CPSIA information can be obtained
at www.ICGtesting.com
LVHW041521060624
782492LV00004B/736

9 781989 779880